高橋浩夫

戦略としてのビジネス倫理入門

丸善出版

まえがき

本書はビジネス倫理を経営戦略との関係で考察し、今、社会環境の変化の中で経営体制の何が問われているか、ビジネス倫理の視点からアプローチしたものである。

ビジネス倫理が問われる問題といえば様々な企業不祥事を考える。確かに多くの企業不祥事は非倫理的行為が明らかになり社会的批判を受ける。今日、企業をみる社会の目は厳しく、非倫理的行為によって被ったブランドへのダメージは大きく、その修復には多大な時間とコストを要するうえ、場合によっては倒産の危機すら免れない。ビジネス倫理の研究といえば、このような企業不祥事をテーマに、その発生要因や経営体制のあり方を考えることに主眼が置かれている。

私も参画して創設した日本経営倫理学会も、このような企業不祥事をテーマに今日の経営体制のあり方を様々な側面からみてきた。学会を創設した九〇年代始めは日本経済のバブル崩壊と重なり、その要因もあって企業不祥事が多発した。日本の産業界を代表する当時の経団連（現・日本経団連）はビジネス倫理の重要性を訴えて「企業行動憲章」（一九九一）を制定した。しかし、企業不祥事はその後も多発し、今度は経営者の団体である経済同友会が「企業行動憲章」を基に各企業が具体的に企業行動基準を制定するための「手引き書」まで作成した。

日本経営倫理学会はこのような時期に設立したこともあって少しは注目され、産業界や学会をはじめ多くの諸機関でビジネス倫理への関心が高まった。ただ一方でビジネス倫理への関心は、多くの企業不祥事が日に入り企業不信や企業性悪説に陥りかねない。確かに今日のような競争社会では、その激しさのあまり結果として多くの企業不祥事が起こっていることは確かだ。九〇年代以降、そして、二〇〇〇年代になっても不祥事は起きている。つい最近でも、世界的なブランド力をもつ自動車や電機のメーカーの不祥事が明るみに出て改めてビジネス倫理が問われている。

私がビジネス倫理の研究と同時に行っている主な研究領域は「多国籍企業論」や「国際経営論」の問題である。この研究では、近年来、急速に広がる日本企業のグローバルな経営展開の動き、そして、世界で積極果敢に挑戦する日本企業の経営戦略である。今、日本の多国籍企業の数はアメリカに次いで多い。原料も資源もない日本企業のグローバルな競争力の源泉はどこにあるのだろうかと今でも世界は注目している。日本企業の競争力は世界の人々からの揺るぎのない信頼と評価を得ている。これはビジネス倫理の視点からとらえると日本企業の信用、信頼、そして誠実（Integrity）な行動の証でもある。

ビジネス倫理を考える際には、「負の側面」「守りの側面」からの見方と、他方では「正の側面」「攻めの側面」からの見方がある。これまでのビジネス倫理の研究では、企業不祥事に焦点を当てた「守りの側面」が議論されてきた。しかし、今日のグローバルな事業展開を考えたとき、ビジネス倫理はむしろ「正の側面」「攻めの側面」から前向きに、経営戦略の側面からとらえたい。

確かにこれまで、企業の積極的な事業展開のあまり、国内外で不祥事を起したことはあっただろう。しかし日本企業は、内外でそれほどビジネス倫理が問われる不祥事を起こしてきたのだろうか。これは「木を見て森を見ず」という諺のように日本企業の全体像を見ていない。日本企業の多くは、しっかりとしたビジネス倫理を基本哲学にもち、世界に貢献してきたからこそ今日のグローバルな競争力があるととらえたい。

かつて、今日のキヤノンの中興の祖といわれた当時の社長、賀来龍三郎氏は筆者とのインタビューの中で「倫理国家構想」を熱く語った。つまり、日本は資源、原料もなく、軍事力もない、あるのは経済力＝企業の競争力だけである。日本企業にとって大事なのは安心、誠実で信頼できるという国際的に評価されるブランド力を構築することによってのみ得られる競争力だという。世界が軍事力や政治力、経済力を競う中で、日本はビジネス倫理という競争力をもつことだ。このような国が世界に一つぐらいあってもよいのではないかというのが「倫理国家構想」の中味だ。本書『戦略としてのビジネス倫理入門』はそのような大目標まではいかないまでも、その根底に流れるものは、ビジネス倫理を前向きで「攻めの倫理」からとらえようとするスタンスといえよう。

ところで、研究機関としての「日本経営倫理学会」、企業人が相互啓発する「経営倫理実践研究センター」、人材育成機関としての「日本経営倫理士協会」（本書の「付録」参照）を三位一体構想の中で設立したのは水谷雅一先生である。水谷先生は古河電気工業の役員を経て大学研究者（神奈川大学教授）に転じた。水谷先生と国際経営の研究会で面識があった私も大学に転じ、新しい研究テーマとして"Business Ethics"のアメリカでの研究動向、そして、日本での研究の必要性を教えられた。相互に大学研究者、実務家、弁護士、ジャーナリストを推薦し、十数人が集まって「経営倫理を考える会」の勉強会が始まった（一九九一年）。そして、九三年には日本経営倫理学会を発足させた。

水谷先生は三位一体構想を自らの手で実現させたが、惜しくも体調を崩され帰らぬ人となった（二〇〇八年）。水谷先生の後を受けて学会長は小林俊治先生（現・早稲田大学名誉教授）になったが、先生も体調を崩され、急遽私が学会長を仰せつかることになる（二〇〇九～一五年）。この間、内外でのビジネス倫理研究の発表に触れ多くのことを学ばせていただいた。ビジネス倫理を学んでいると、内外の大学でも様々な不祥事が多々あることを思い知らされる。この問題は研究者にとっても学問をする上での基本姿勢であり、ビジネス倫理の研究を通じてその重大さを改めて認識した次第である。

一五年に学会長を退任し、その研究成果の一端としてビジネス倫理を筆者なりにまとめてみたのが本書である。本来のビジネス倫理研究者でない視点からの本書の構成、内容に対して率直なご意見を賜れれば幸いである。
最後にビジネス倫理関係でいくつもの書籍を手掛けられ、快く出版の労をとっていただいた丸善出版・企画編集部 第二部 部長の小林秀一郎氏に心から感謝を申し上げたい。

二〇一六年五月　新緑の那須高原にて

高橋浩夫

目次

第2章　経営戦略とビジネス倫理　53

序章

戦略としてのビジネス倫理

ビジネス倫理と聞くと不祥事を思い浮かべ、それを起さないためにはどうしたらよいか、ビジネス倫理の遵守、コンプライアンス体制、ビジネス行動基準の制定などを考える。ビジネス倫理の議論はこのような企業にとってそれを起さないための経営体制をどう進めるか、〝守り〟の議論を中心に行われてきた。確かにこのための体制固めは必要だし、重要な経営課題であることは確かだ。しかし、企業は〝守り〟と共に常にチャレンジし〝攻め〟なければならない。成長発展を最大の使命とする企業社会ではビジネス倫理の大切さを分かっていてもそれを表だって取り上げにくいのが本音かと思う。

ハーバード大学のビジネススクールでビジネス倫理を教えていたF・J・アギュラーは、その著書の最初でビジネス倫理の議論は賞賛される一方で実務家が避けて通りたい課題だといっている（筆者他訳『企業の経営倫理と成長戦略（*Managing Corporate Ethics*, 1994）』産能大学出版部、一九九七）。なぜならば、企業は常にチャレンジし新しい発展の道を切り開くことが議論され、〝守り〟の課題は経営戦略の中枢の議論から外れ、表だった経営課題にはなりにくいからである。つまり、不祥事を起こしてないのになぜそれを取り上げなければならないのかということだ。しかし、我が国でもアメリカでも近年来の多発する不祥事は経営の屋台骨まで揺るがしかねない経営戦略の重要な課題になっている。ビジネス倫理が問われる不祥事の発生は経営体制の何がそうさせたのか、そのどこが欠陥なのか、我々のビジネスと共存関係にある社会規範の何が変わったのかを紐解くことこそが本来の課題ではないか。

私がビジネス倫理に関心をもつ前の主なる研究テーマは企業の海外進出問題、多国籍企業の経営戦略問題である。七〇年代から少しずつ動き始めた日本企業の海外進出は、八〇年代、九〇年代を経て今や世界各地で事業活動を行うグローバル企業となった。これまで日本企業の発展は世界に向かってチャレンジしてきたことだ。チャレンジすることにはリスクが伴う。企業の本質的使命は未来に向かって挑戦してゆくことである。

今日、経済大国、企業大国となった日本企業の飛躍的発展は世界からの信用と信頼、そして国際貢献という倫理的にも大きな評価があったからこそ発展してきた。この過程においてはその積極的展開のあまりに、結果的に不祥事となって倫理性が問われたこともあっただろう。しかし、それらの不祥事は日本企業の内外における活動から見ればほんの少数の事例だ。ビジネス倫理の研究となると、とりわけその研究対象は不祥事に目が奪われるが、それはビジネス倫理を「負」（マイナス）の側面からしか見ていない。「木を見て森を見ず」の議論のように、日本企業の全体像を見ていない。日本企業のこれまでの発展を考えると、もっと日本企業の「正」（プラス）の側面からビジネス倫理との関係を考えたい。

確かに九〇年代以降バブル崩壊を契機に不祥事は発生した。これが発火点となってビジネス倫理が問われ産業界でもその遵守をめぐって活発に議論されるようになった。しかし、日本企業は国内でも海外でもそれほど多くの不祥事を起こしているのだろうか。グローバル化した日本企業は世界からそれほど信頼を失っているのだろうか。今、グローバル事業展開している日本の多国籍企業の数はアメリカに次いで多い。特に自動車、エレクトロニクス、精密機械等はグローバルブランドとなって世界に君臨し、その信頼性は極めて高い。原料資源のないアジアの小国が世界に飛躍する経済発展を遂げたのは日本企業の経営のすばらしさ、そして、その倫理性にあるといっても過言ではない。

だからこそ世界で信頼を勝ち得た今日の日本企業のグローバルな発展がある。本書の根底にあるのは、ビジネス倫理を不祥事と関係する日本企業の経営行動として消極的立場からとらえるのではなく、日本企業の経営戦略の一つとしてビジネス倫理をとらえたとき、その特徴、そして更なる発展には何が問われ、何を変えなければならないのか、グローバル社会の中での日本企業はどのような社会的使命を果たすべきかという視点である。

それでは、本書で取り上げる各章の中身をダイジェストしておこう。

第1章「ビジネス倫理とは何か」では、まずビジネス倫理が問われる背景について考える。不祥事（贈収賄、粉飾決算、総会屋、インサイダー取引、利益供与、談合、食品偽装等）を起こすとなぜビジネス倫理が問われるのだろうか。よく考えてみるとこれらの不祥事の多くは法律を侵していることだ。法律には強制力があり、従わなければいけないのが我々法治国家の基本である。では、倫理とは何か。倫理学で名高いカントの「倫理学」に依拠しながらこの問題を考える。

法律は我々の生活を支えている外部規範であるのに対し、倫理は心の世界、良心の命ずる行動規範である。しかし、その外部規範である法律を犯さなければ何を行ってもよいということではなく、我々にはみんなが共有する社会規範というものがある。簡単にいえば「常識」（Common Sense）である。常識からあまりにもかけ離れたことをすると社会的批判を浴び、何らかの制裁を受ける。それでは、常識、法律、倫理との関連性はどうか、いくつかの例を参考にしながらその関連性について考える。

次に倫理は一人ひとりの心に宿る行動指針だが、我々は何らかの形で組織に従属している。組織には目的があり、その目的達成のために個人倫理を犠牲にする場合もある。個人倫理と組織倫理は何がどう違うのか考える。また、ビジネス倫理とは何かを具体的に考えるために、企業行動基準の制度化と遵守事項について触れる。

日本経営倫理学会が九〇年代始めに企業行動基準の日米比較調査（GE、Esso、J&J、

HP、TI、3M、DuPont、IBM、Xerox、NEC、イトーヨーカドー、東芝、リコー）を行ったところ、日本企業で企業行動基準（コード・オブ・コンダクト）を制定しているのはほんの少数の企業だけであった。しかし、現在は主要な日本企業は企業行動基準の制定、コンプライアンス体制・法務部門の再編成、倫理担当役員（エシックスオフィサー）の任命、そしてホットライン、ヘルプライン、公益通報や内部統制システムを制度化してきている。ここでは具体的事例としてジョンソン・エンド・ジョンソンと雪印（現・雪印メグミルク）について取り上げる。

第2章「経営戦略とビジネス倫理」では、ビジネス倫理を経営の戦略的側面から考える。企業は何のために存在するのか。企業が存立し長期的に発展するためには、将来の事業成長分野に経営資源の重点配分を行い経営活動の舵をとってゆかなければならない。経営戦略において、企業の長期的発展を見据えた経営資源の重点配分は重要である。しかし、それを単に製品や市場との関係から機能合理的にとらえるだけでなく、進化する社会との関連性の中でどのような経営戦略を取るべきかを考えたときに必要不可欠な視点が倫理的側面からのアプローチなのである。経営戦略が人間の織りなす経営行為である以上、そこに携わる人々の倫理観はどのように譲成され受け継がれているのか、組織倫理の視点からもビジネス倫理が重要な課題となるのである。

経営戦略の策定と実践は最終的には経営のトップに立つ最高経営責任者CEOの責任である。CEOがそれをどのように認識し日々の経営活動の中に組み込んでいるかは、経営戦略とビジネス倫理との関係を考える上で重要である。日本の経営の特徴は、経営戦略の基本哲学となる企業の社会的使命や経営理念を明確にすることでビジネス倫理の行動指針としてきたところにある。アメリカの経営倫理学会の会長だったケーン教授（Daryl Koehn）はアメリカ企業と日本企業の創業のルーツに触れ、前者が盗賊貴族（Robber Baron）だったのに対し、後者は天下国家を見据えビジネス倫理を根底にした創業の精神にあるという（二〇〇九年一〇月三日の日本経営倫理学会での講演）。ところが近年来の国際的な企業間競争が激しくなる中でその社会的使命や経営理念とは相いれない様々な形の不祥事が発生してきた。そして、これを問い詰めてゆくと多くの不祥事が最高経営責任者の関与の下で行われてきたことが明らかになっている。

これがここ数年来、日本企業の課題となってきたコーポレートガバナンスの問題だ。経営者のワンマン経営、経営者の暴走に起因する多くの不祥事をなぜ事前に防げなかったのか、最高意思決定機関の仕組が問題となった。この仕組を変革するためにはどうしたらよいか、これがコーポレートガバナンス改革でもあり、それを今度は日本企業のさらなる競争力の強化につなげようとするのがコーポレート・ガバナンス・コードの制定である。

第3章「社会環境の変化とビジネス倫理」では、企業と社会環境の関係をビジネス倫理の側面から考える。企業と社会環境との関係の中で、企業にとって一番身近な存在はステークホルダーといわれる利害関係者である。近年の日本企業を取り囲むステークホルダーの目は非常に厳しいものがある。

企業は今、株主、消費者、地域社会からの要請に的確に対応しなければならない。ここでは、まず企業と社会との関係を基本的にとらえたうえで、ビジネス倫理に対する社会からの目はどのように変わっているかを五つの視点から考える。

第一は消費者との関係、第二は利害関係者であるステークホルダーとの関係である。第三に経営にはモノである〝見える資産〟と社風やブランドといった目に〝見えない資産〟があるが、今日の経営は〝見える資産〟以上に〝見えない資産〟が企業間競争の優劣を決めるといわれる。ここではこの意味を考える。第四に社会の変化に対応した様々な形での新しい法律が制定されてきている。男女雇用機会均等法、公益通報者保護法、ＰＬ法（Product Liability）、個人情報保護法、株主代表訴訟法、過労死等防止対策推進法が代表的だ。第五にマスメディア社会の急速な発展の一方で、その影響力であるメディア社会の企業に与える光と陰の面である。不祥事によってその情報が点から面となって世界中に伝播する。するとブランド力が高い企業ほどメディアによって叩かれる。これらの視点から社会規範の変化とは何かを考えたい。

次に企業のグローバル展開に伴って国連の「グローバル・コンパクト」に代表される国際的な企業行動基準の制定について、いくつかの動きを取り上げる。今や世界の多国籍企業はその行動基準を率先して遵守してゆかなければならない。最後に、ダイバーシティーマネジメントとは何かについて考えたい。これは、今日の社会環境の変化の中で同質なものから異質なものを取り込むことはビジネス倫理の本質を追求することになり、結果として企業の競争力向上にもつながるからである。

第4章「今、なぜCSRなのか」では、益々進む日本企業のグローバル事業展開をビジネス倫理と相応する今日的課題のCSR（企業の社会的責任）と関連させて考える。CSRの問題は六〇年代から七〇年代の高度経済成長期に公害問題を契機に問われた。しかし、その当時のものと今日のCSRはどこが違うのか。日本経営倫理学会が一九九三年設立された頃の主要テーマは不祥事問題だった。その後二〇〇〇年代になってCSRが盛んに議論されるようになった。

CSRは企業の社会的責任問題でありビジネス倫理と深い関係があることは確かだ。今日のCSRの議論は一九八九年の「ベルリンの壁崩壊」後、ソ連、東欧、中国が相次いで経済の自由化政策を打ち出し、競争社会である市場経済がこのまま進んだら地球環境はどうなるかという危機意識のもとでヨーロッパで最初に問題になった。この危機意識はアメリカ、日本へと伝播しCSRはグローバルな経営課題として各国で取り組まれる課題となった。

この問題にどれほど取り組んだかを示す各社の「CSRレポート」は今やほとんどの企業が発行している。この危機意識を、CSRを通しての経営戦略の実践に置き換えることによって、むしろ企業の競争力を強化しようとするのが今日のCSRの本質だ。つまり、これまでのCSRは企業活動の一部であることに対し、今日のCSRは企業活動の本質、本業にせまる〝前向き〟で〝攻め〟（Challenge）の経営戦略の課題でもある。

CSRをこのように考えると、経営戦略の基本である製品市場の視点からも問題意識を共有する課題である。例えば、地球環境にやさしい日本の自動車産業によるエコカーの開発、世界最先端を行く環境や医療技術の開発、鉄よりも強いといわれる新素材の開発、新興国支援のための国際協力などCSRによる企業の更なる成長を発展的に考えることができる。経営戦略の大家といわれるM・ポーターはこのことをCSV（Creating Shared Value）ととらえ、次なる企業成長の道であると考える。ここでは、経営戦略としてのCSVとは何かも言及したい。

第5章「ビジネス倫理教育の新たな挑戦」では、主にアメリカにおけるビジネス倫理教育の動向と日本の産業界、大学の教育・研究の現状について考える。まずビジネス論の研究で先手を行くアメリカのビジネス倫理教育はビジネススクールの中でどのように行われているかを考える。アメリカにおけるビジネス倫理（Business Ethics）への関心は一九八〇年代から始まり、当時のレーガン政権による強いアメリカを目指した防衛産業の強化は政府高官との賄賂事件、その癒着が問題になり連邦議会で厳しく糾弾されたことが契機となっている。

九〇年代に入るとエンロン、ワールドコムの破綻というアメリカ産業史上最大のスキャンダルはビジネススクール教育のあり方を本質的に問う結果となった。ビジネススクールも産業界からの厳しい目線のもとでビジネス倫理教育を取り入れたカリキュラムの再編成を余儀なくされた。また、アナン前国連事務総長が提唱した「グローバル・コンパクト」のビジネス教育版ともいえる「責任ある経営教育原則」（ＰＲＭＥ：Principle for Responsible Management Education）を主要ビジネススクールの学長の間でられ課題にされ、その教育のあり方を自らが問い正していることにも触れる。

他方、我が国の産業界や大学はアメリカを後追いする形でビジネス倫理教育を産業界や大学等で行いつつある。日本経営倫理学会はこの教育普及のために日本の大学での「経営倫理」の講座内容を取り上げてきている（「大学における講義要約シリーズ」これまで七〇大学を紹介）。また、学会の姉妹団体である一般社団法人経営倫理実践研究センターは一九九七年に設立され我が国で唯一の産業向けビジネス倫理教育の普及団体として活動している。参考として大学あるいは職場における「ビジネス倫理」の講義、演習、教育訓練となる講義例を紹介したい。これは単に先生による一方的な講義ではなく、受講者、そして、社会全体のビジネス倫理の啓発になるような、いわば「三方良しの授業」——先生良し、学生良し、教育環境良し——のモデルとも考えられよう。

第1章　ビジネス倫理とは何か

1　ビジネス倫理が問われる背景

ビジネス倫理、英語では“Business Ethics”といわれるが、日本におけるこの問題への直接的関心のきっかけは一九九〇年代始めのバブル経済崩壊後に起きた銀行、証券業界における一連の不祥事である。そこでは、これらの業界がとった経営行動に対して、マスコミをはじめ各界からの厳しい社会的批判を浴びた。つまり、そこで問われたのは、社会における企業の基本的姿勢の問題である。

企業の目的は、経済的成果の達成が第一義であることはいうまでもない。しかし、それは何のためなのか、それを社会の正義に照らして考えたとき、正しい行動によってもたらされた結果であったのかどうかが問われた。

ビジネス倫理はいわば、このような企業と社会、あるいは企業と人間との基本的関わり合いにおける課題なのである。しかし、どうであろう。これまでビジネス倫理などというと、産業界ではその重要性は理解しても、実際のところあまり深い認識を示してこなかったのが実状ではないだろうか。企業の目的は経済的成果の達成が第一義であり、そのための犠牲は批判されるよりも評価されてきたのである。企業の目的達成のためなら、少々の非倫理的行動も大目に見られてきたといってもよい。

しかし、この問題に対する近年の我が国の産業界そしてアメリカ、ＥＵをはじめとする先進諸国の見方には非常に厳しいものがある。企業がもし非倫理的な行動によって大きな社会的批判を受けることになると、それによって被った修復のための経済的代償は、企業も個人も相当な代償を支払わなければならない。もしかしたら、その償いが出来なくなり、企業の倒産、解散へと追い込まれることを覚悟しなければならない。現に近年、不祥事を起こした企業は倒産、解散、他社への吸収合併を余儀なくされたり、長期にわたって減収減益となった結果を見れば、ビジネス倫理の意義が何であるかが分かるであろう。

企業不祥事によって重い罰金、日常業務の混乱、従業員のモラルの低下、離職者の増大、採用への支障、社会からの批判によって生じる企業ダメージは計り知れないものになる。モノである製品は取り換えればよいものの、企業の生命であるブランドへの傷は我々の脳裡に残り、そう簡単に忘れ去られるものではない。普段はビジネス倫理といってあまり関心を注がない問題が、初めて厳しい社会的批判にさらされてその恐ろしさを知ることになる。

九〇年代以降、次から次へと起こる不祥事に対し日本の産業界の総本山である日本経団連は「企業行動憲章」（九一年）を制定した。しかし、この後も起こる不祥事に対し、今度は各企業が独自に企業行動基準を定めるように促した詳細な「手引書」まで配布した。

我々はビジネス倫理を学術的に研究するために九三年日本経営倫理学会を創設した。学会（二〇〇九年より一五年まで筆者が会長）の設立当初は少数で始めたが、九〇年代以降の相次ぐ不祥事によって学会活動も少しずつ注目され、産学共同の形をとって活発な活動を続けてきている。また、企業のビジネス倫理、CSR部門やコンプライアンス部門の担当者が集まって相互啓発を行う一般社団法人経営倫理実践研究センター（九七年）も設立された。この二〇年の間には日本企業のビジネス倫理は各企業が企業行動基準を制定したり、ビジネス倫理担当の責任者、推進部門の設置、ビジネス倫理啓蒙の教育訓練を行い発展してきた。

こう見ても日本の産業界や学会におけるビジネス倫理への関心は、九〇年代以降に高まったものであることがわかる。学会を設立前に小さな研究組織である「経営倫理を考える会」（九一年）を設け、筆者はその時ビジネス倫理の具体的な取り組みを調べるために、アメリカと日本企業の企業行動基準のインタビュー調査を行った。そこで明らかになったことは、アメリカ企業にそのインタビューを申し込むとその趣旨を即座に理解し、企業行動基準の項目、内容、遵守体制について詳しく説明してくれたことであった（GE、J&J、Esso、DuPont、IBM、TI、HP、P&Gなど）。これに対して、日本企業の多くは企業理念や就業規則はあっても、アメリカ企業のビジネス倫理行動基準（Code of Conducts）に相当するものをもつ企業はほんの少数だった（このインタビュー調査結果は高橋浩夫編著『日米比較による企業倫理綱領の制定と実践』一九九六に詳しい）。

2　ビジネスエシックスのルーツ

アメリカの産業界や学界の研究者の間でビジネスエシックス（Business Ethics）の言葉が使われ始めたのは七〇年代始めである。この言葉のきっかけとなったのは自動車の欠陥車問題である。この事件はフォードのピント事件とも呼ばれ、当時ベストセラー小型車であったフォードのピント車が各地で死傷事故を起こしたというものである。拡大市場にあった小型車開発を他社との競争を有利にするため開発期間を大幅に短縮してピントを売り出した。その結果、本来、リコールすべき車を欠陥車として売り出し、多くの死傷事故を引き起した。インディアナ州の裁判所はこれに対してフォード重過失殺人罪を適用し、アメリカ企業に初めての殺人の刑事罰が求刑された。

また同じく当時、世界最大の企業といえば自動車会社であるGM（General Motors）であり、「GMにとって良いことはアメリカにとっても良いことだ」とまで鼓舞された巨大企業だった。七〇年の「キャンペーンGM」はこの巨大企業に対して企業の社会的責任を追及した。消費者運動のトップリーダーだったラルフ・ネーダー（Ralph Nader, 1934-）は、巨大企業GMに対して製品の安全、雇用差別、環境汚染に対して改革を求めた。取締役会の中に黒人であるサリバンを起用し、南アフリカの黒人隔離政策である「アパルトヘイト」からGMを撤退させた。その契機ともなった七七年に制定された「サリバン原則（Sullivan Principle）」は企業内での人種差別をなくす最初の倫理綱領の制定となった。

八〇年代に入ると強いアメリカを目指した共和党のレーガン政権の誕生は防衛産業の強化を打ち出した。社会主義国ソ連の軍事力強化に対抗して戦略防衛構想（ＳＤＩ：Strategic Defense Initiative）を掲げ軍事産業を競争力のある企業にした。軍事産業を扱う企業は巨額の受注を獲得するための工作として政治家、政府高官に賄賂を渡したことが次々と発覚した。公的機関と私企業との癒着、ビジネスを有利に進めるための賄賂の授受が自由競争の根本原則、そして社会の正義に適った経営行為かどうかが厳しく問われた。

これが、七〇年代から議論されてきた企業と社会とのあり方をさらに問う結果となり、それを遵守すべく法律の制定やビジネス倫理行動基準の制定へとつながった。企業行動基準自体は七〇年代中頃に、アメリカ企業の間で「倫理コード運動」が起こったほどである。八〇年代に入るとビジネス倫理を支援するコンサルタント会社、研究調査会社、大学での研究、コースの開設、本の出版、企業内での各種のトレーニング、倫理委員会、コンプライアンス・オフィサーの任命、ビジネス倫理行動基準遵守のための様々な手法（ホットライン、ヘルプライン、内部告発：Whistle Blowing など）の活動が始まる。

そして、九〇年代始め、九一年に「連邦量刑ガイドライン（Federal Sentencing Guidelines）」[*1]を制定し各社にこのガイドラインの遵守を促した。このガイドラインに違反する企業には刑を重くする反面、行動基準の制定や遵守のための様々な取組みを行っている企業には刑を軽くするというものである。このこともあって、九〇年代にはほとんどのアメリカ企業は企業行動基準を制定することになる。

ところが、二〇〇〇年代になって発覚したエンロン、ワールドコムによるビジネス倫理を問う二大企業不正事件を契機にアメリカ産業界におけるこの問題の根深さを露呈することになった。事件の発覚後、多くの企業人が羨望したエンロンは瞬く間に倒産し、ワールドコムも他社に買収された。

この二大事件はアメリカ産業史上例をみない大きな不祥事（スキャンダル）となり、世界の産業界にも企業不正の恐ろしさを突きつけた結果となった。そして、この事件を契機に「連邦量刑ガイドライン」よりもさらに刑を重くした「サーベンスオクスレー法（Sarbanes-Oxley Act）」（二〇〇二）[*2]を制定することになる。

＊1　量刑ガイドラインの遵守プログラム（Compliance Program）は次の七つを制定している。①犯罪行為を合理的に予防することが可能な遵守基準を設定すること。②上記の遵守基準を監督する責任を特定の上位者に

割り当てること。③不法行為をなす恐れのある人物に、裁量的な権限を委譲しないよう相当の注意を払うこと。④すべての従業員に、遵守基準と遵守手続きを伝達するための必要な措置をとること。特にトレーニングとマニュアルの普及を重視して努めること。⑤成文化された基準に対する遵守を、犯罪行為を見出すために設定された監視プログラムを通じて達成するために合理的な措置をとること。⑥適切な懲戒メカニズムを通じて、成文化された基準を徹底して施行すること。⑦犯罪が発生したら、未来において同じ行為が生じないように、考えられるすべての合理的な措置を講ずること。

＊2　サーベンスオクスレー法（二〇〇二年三月）は上院議員の名前にちなんだ企業改革法である。改革のポイントは（一）経営者よるアカウンタビリティーの徹底、（二）投資家への情報開示の改善、（三）独立した監査の強化である。これを受けて、当時のブッシュ大統領は次の一〇項目の改革案を発表した。①四半期情報の拡充、②重要情報の即時開示、③企業情報の真実性、適時性、公共性に関するＣＥＯによる証明、④偽情報による不正利益の返還、⑤不正行為を行った取締役等の再任制度、⑥取締役等による自社株式売買情報の即時開示、⑦外部監査人による監査業務以外の制限、⑧監査法人機関の設立、⑨財務会計基準審議会（ＦＡＳＢ）による監督強化、⑩外部監査人による監査の強化。

3　ビジネス倫理が問われる具体的行為とは何か

さて、企業でビジネス倫理が問われるケースといえば、一般的には一連の不祥事であろう。それではその不祥事とは具体的に何を指すのであろうか。我々の目に留まる不祥事といえば代表的には次の行為だ。

・**賄賂**（Bribery）：贈賄と収賄、つまり、ワイロを受け取ること。主権者の代理として公権力を執行する為政者や官僚がこと法や道徳に反する形で受け取る財やサービスのこと。

・**粉飾決算**（Window Dressing）：会社が不正な会計処理を行い、実際とは異なる決算書類を作成すること。粉飾決算の多くは売上や利益を実際よりも多いように見せかけるために行われる。中には税金を少なくするために業績を悪く見せかける場合もある。

・**利益供与**（Profit Gift）：特定の株主に無償又は有益で財産上の利益を供与すること。これは株主の権利の行使に関し財産上の利益を供与したものとみなされること。

・**総会屋**（Corporate Extortionist）：株式会社の株式を若干数保有し株主としての権利行使を濫用することで会社等から不当の金品を収支または要求する組織。

・**独占禁止法**（Anti Trust）：正式名称は「私的独占の禁止及び公正取引の確保に関する法律」。この目的は公正かつ自由な競争を促進し、事業者が自主的判断によって自由に活動出来るようにすること。市場メカニズムが正しく機能していれば、事業者が自らの創意工夫によってより安く優れた商品を提供できる。これが私的独占、カルテル、不公正な取引によって不利益を生ずることになることを禁じている。

・**インサイダー取引**（Insider Trade）：上場企業または親会社、子会社の役職員や大株主などの会社関係者、および情報の受領者がその会社の株価に重要な影響を与える「重要事実」を知って、その重要事実が公表される前に特定の有価証券等の売買を行うこと。

・**損失補塡**（Compensation for Loss）：特に顧客から受託した有価証券の売買、その他の取引で損失が生じ、またあらかじめ定められた額の利益が生じなくなった場合に財産上の利益を提供すること。類似語で「損失保証」があるが、これは損失が生じる前に損失が生じたら穴埋めする約束をいう。

・**脱税**（Tax Evasion）：違法な手段によって、納税を免れる行為。租税の納付は法によって定められた義務であるが、これらを逃れるために課税の対象となるべき所得や収益などの一部、または全部を故意に隠蔽すること。

・**リコール**（Recall）：主に自動車の場合、設計や製造段階を原因とする不具合が特定の自動車で発見された場合、メーカーや輸入業者が担当省庁（わが国の場合は国土交通省）にその旨をあらかじめ届けて該当する製品を無料で修理しなければならない。

・**製造物責任**（Product Liability）：製品の欠陥によって消費者が何らかの損害を被った場合、メーカー側に対して賠償責任を課そうとする考え方、アメリカだは六〇年代、ヨーロッパでは九〇年代初めに法制化され、日本では九五年から施行された。

・**セクハラ**（Sexual Harassment）：七〇年代、アメリカで作りだされた造語であるが、日本では八〇年代半ば以降使われるようになった。九二年にセクハラ事件を理由とした裁判で全面勝訴し

「セクハラ防止ガイドライン」が制定される起爆剤になった。

・**男女雇用機会均等法**（Equal Employment Opportunity Law）：職場における男女の差別を禁止し、募集、採用、昇給、昇進、教育訓練、定年、退職、解雇などの面で男女ともに平等であることを定めた法律（八五年制定）。

※この他、悪徳商法、虚偽、誇大広告、食品衛生法、耐震偽装など。

4　ビジネス倫理とは何か

倫理とは

それでは、まず倫理とは何か。これまで我が国の産業界では、不祥事が発端となってビジネス倫理が問われる結果となったが、それではそもそも「倫理」とは何かを考える必要がある。

九〇年代以降次々と起こった不祥事といえば、前に例示したような損失補塡、利益供与、インサイダー取引、総会屋対策、独禁法違反、ＰＬ責任、談合、粉飾決算、自動車のリコール問題、耐震偽装、食品偽装問題などがある。しかし、これらの行為はよく考えてみると基本的には法律で禁止されている行為だ。法治国家である我が国の社会では、企業経営には一定のルールがありそれを遵守しなければならない。一定のルールとは、経営活動には様々な法規範があることである。株式会社は会社法に基づいて設立され、そのルールに基づいた公正な経営活動をしなければならない。

このようなことからすると、今、我が国で問題になっている不祥事は経営活動のルールを定めた法律に違反した行為である。これは法律の定めにより当然、その制裁を受ける。

法律はそれに従わないことに対する強制力がある。

さて、ここで法律を犯したことによる不祥事が問題となってなぜビジネス倫理が問われるのであろうか。法律と倫理との関係はどのようなものか。

法律は「法律に基づいて――」というように、我々が社会生活に必要なルールを定めた規範である。これに対して倫理は法律の規範から外れる我々一人ひとりの心の中にあるもの、いわば、良心の命ずる行動規範である。つまり、道徳や倫理は我々人間の内面的な価値観である。この意味で法律は我々の行動を律する外部規範であるのに対し、倫理は我々の心の中にある内部規範である。

それでは、内部規範である倫理とは何か――。

「倫理」を『広辞苑』で引くと、「人倫のみち。実際道徳の規範となる原理」と書いてある。つまり、人として進むべき道、善悪の判断において普遍的な規範となるものである。この心の部分である倫理を支えるものには宗教や哲学、道徳の教えがあろう。倫理はアリストテレスの時代から議論されてきた我々の生き方、社会との関わり合いに関する基本命題である。ここで、倫理学について詳しく論ずるつもりはないが、ビジネス倫理を考える上で参考になるのがカント（Immanuel Kant, 1724-

1804）の「義務論」である。カントの義務論は、誰でもが無条件に守らなければならない普遍的な道徳律（これを定言命法という）が存在し、これを守らなければならないと考える。つまり、これを守らないと我々人間社会は成り立たなくなってしまうからである。この守るべき原則については次の三つがある。

第一は「普遍的な法則になりうるような規範に従って行動せよ」である。例えば、「人を殺してはいけない」や「嘘をついてはいけない」という行動規範は普遍化できると考えた。我々が社会で生きてゆくためには、これだけは絶対守らなければいけないことの原則は普遍化すべきだというのである。

第二は「あなた自身や他の人間を単なる手段としてのみ利用するような行動をしてはならない」という人間性の原則である。例えば、経営者が私服のために人を機械や道具と同じように扱い、人間性を無視していることである。

第三は「自分から進んで主体的に正義を守ること」である。例えば、飲酒運転しない理由として「警察に捕まる恐れがあるから」と考えると、外部規範である法律や規則に従っているにすぎず、自らの主体的行為ではないという。先に述べた倫理とは、主体的に我々の「良心の命ずる行動規範」と同じことであるといえる（参考：倫理面を詳しく解説したものとして梅津光弘『ビジネスの倫理学』がある）。

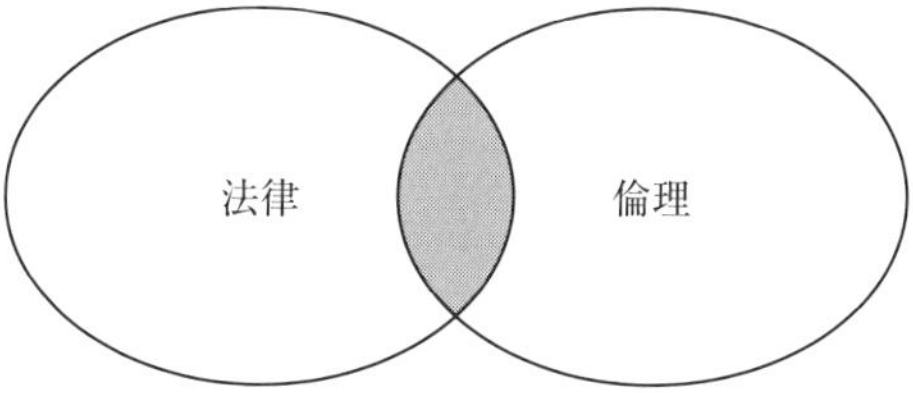

図 1-1　法律と倫理の関係

法律と倫理との関係

さて、それでは法律と倫理との関係はどうだろう。それを考える一つの例として、近年問題となった脱法ドラックの事件がある。覚醒剤、大麻、コカイン等の麻薬はそれを所持すること、売買取引をすることは法律で堅く禁じられている。ところが、脱法ドラックは法律を脱した、いわば法律には抵触しないドラックの一つとして売買されていた。

ここでの問題は、法律には抵触しないから売買しても構わないという判断と、法律には抵触しないが麻薬には変わりないからそれは止めるべきだという倫理的判断である。これはどこまでが法律でどこからが倫理の部分であるのか、その明確な判断が難しい、いわゆるグレーゾーンである（図1-1）。脱法ドラックは相次ぐ事故によって、その危険性を全面に出した「危険ドラック」に名前が変えられた。

一般的に法律と倫理との境目は微妙で、その境界線を厳密に引くことは難しいだろう。法律の教科書でまず最初に習うことは、「法律は倫理の最低ラインである」ということである。我々は法律で定めたことは最低限守らなければならないとしても、倫理的判断から考えた場合に、それを止めるか止めないかが分かれ目となってくる。

それでは、法律とは何か、法律は難しく専門的知識をもった法律家によってのみ分かるものなのだろうか。確かに、弁護士、裁判官、検事といわれる人は司法試験をパスしたその道の専門家であることには間違いない。

しかし、不思議に思うことは陪審員制度である。我が国でも二〇〇九年から陪審員制度が施行され我々市民が裁判に参加することになった。今までの、日本の裁判員制度の伝統からみれば専門家でなく、一般市民が参加して有罪、無罪を決める制度である。さて、ここで思う素朴な疑問としてアメリカの陪審員制度がある。アメリカでは建国以来、裁判における市民参加の陪審員制度によって裁判を行ってきた。この背景にはアメリカ民主主義の伝統である市民の参画による正義の判断が一番正しいというコモンロー（Common Law）の考え方が背景にある。

市民の考え方とはみんなで共有する良識である。分かりやすくいえば「常識（Common Sense）」である。この背景にはかつて統治国であった英国の裁判で伝統や慣習、先例に基づく裁判が発達した影響がある。つまり、我々が社会の中の一員として生きていくということは、その中で毎日の生活や日常の経験を通じて物の見方、判断の基準を自然にもてるようになるということである。この営みが社会人としての「常識」をもつことになり、日常の判断を行っているこの常識がなければ人間は社会人として生きてゆくことはできない。法律といっても要するにこのような常識を手掛かりとして、常識を出発点として判断することが法律の出発点である。

倫理、法律、常識との関係

このように考えて来ると、法律も倫理も基本的に常識を基盤として考えられている。少なくとも法律は倫理の最低限のルール、つまりこれを守ることが経営活動を行う上での社会の総意であることを定めたものがビジネス倫理の基本である。倫理は法律のように外側からの強制力はないからといって、何の基範もないのだろうか。いや、そうではない。我々には社会に共有されている考え方、つまり常識的判断というものがある。これこそが我々の意思決定の根底を支える「行動規範」である。

企業の行動規範の内容をよく見てみると社会で培われてきた慣習や慣例を基本にした「常識（コモンセンス）」と相通じるものがある（後述）。そうすると倫理も社会規範である常識の上に立った共通のベースをもっている。倫理には強制力はないが、それに反するようなことがあれば社会から有形、無形の批判や制裁が加えられる。有形のものは法律であるが、無形のものは倫理・常識である。今日の企業の経営活動は、何らかの形で社会から有形無形の制約を受けて行動している。

法律の基本は社会一般で共有されている人々の基本的考え（常識）を反映したものであるから、法律イコール常識の関係が成り立つ。そうすると一つの考え方として、これら三者の間には、**「法律＝倫理＝常識」**という関係が出てくる。ただ、問題なのは法律も社会規範も時代の変化、経済活動の進展によって変化していることである。

経済活動の進展、グローバル化の進展によって常識である社会規範の再定義が必要になっている。つまり今、社会規範である我々の常識が企業に対しての見方がこれまでとは違ってきているのである。これについては、第3章で述べよう。

個人倫理と組織倫理

倫理は個々人の心に宿るものであるが、それでは組織との関係ではどうだろう。個人の倫理観と組織の倫理観は一致するのであろうか。個人としての善良なる倫理観をもっていても、「会社のため」「組織のため」を理由に不祥事を起こした事例はいくつもある。個人と組織との関係は全人格的関係ではないが、我々の生活の基盤が何らかの形で組織に従属している以上、組織目的や組織風土の影響を受ける。

人間は集団の中では他の構成員の影響を受けやすい。これは心理学の実験（「アッシュの同調性実験」「ミルグラムの服従実験」など）でも証明されている。我々は組織に従属することによって、組織の目的が優先し個人の考えが埋没することが一人の人間としての弱さである。組織にはそれぞれの目的がある。目的達成のための意思をもった人間の協働体系が組織である。目的達成のために組織の構成員がどのような倫理感で日々行動しているかが組織倫理の問われる所以だ。

つい最近まで、日本企業の多くは企業（組織）の目的はまず、経済的成果の達成であり、そのための犠牲は批判されるよりも評価されてきた面もある。企業の目的達成のためなら、少々の非倫理的行動も大目に見られてきたのではないか。しかし近年、社会の見方には非常に厳しいものがある。例えば、近年次々と起こっている株主代表訴訟がある。これは九三年の商法改正によって、個人責任が厳しく問えるようになったからである。

それまで会社のためなら、少々の非倫理的行動も個人の責任まで及ばず免れていた。しかし、商法改正によって一律八二〇〇円という少額の費用によって訴訟を起こしやすくし、個人責任が厳しく問われることになった。現にこれによって、個人責任にも及んで多額の賠償が課せられる判決もいくつか出ている。九三年当時八三件であったものが九七年には二一九件となり、賠償金額も案件によっては多額となり、二〇〇〇年以降はさらに増えている。組織倫理といっても、最終的には個人倫理が厳しく問われるものとなった。不祥事が発覚して、組織ぐるみで行ったことは、個人はもとより組織全体がさらに厳しく問われることになる。

5　ビジネス倫理の制度化とは

企業行動基準とは何か

ビジネス倫理の基本となる企業行動基準について考えてみよう。

一九九一年、筆者らは産学の有志が集い「経営倫理を考える会」を発足させた。ビジネス倫理といっても何がビジネス倫理なのかを知るためには、コード・オブ・コンダクト（Code of Conduct）といわれる企業行動基準の内容が有効である。そこで、企業行動基準の制定状況について日米企業のインタビュー調査を行った。この当時、在日外資企業であるアメリカ企業にコード・オブ・コンダクトについてインタビューを申し込むと即座にその趣旨を理解し対応してくれた。他方、日本企業にこれと同様のインタビューを申し込むと企業行動基準の意味すらわかっていなかった。

まず、企業行動基準（Standard of Business Conducts）は倫理綱領（Code of Ethics）あるいは企業行動指針（Business Conduct Guideline）と呼ばれたりしている。それでは企業行動基準とは何か。アメリカのビジネス倫理研究者であるマシューズ（M.Mathews）は、「倫理綱領（Code of Ethics）」とは「会社の全般的な価値体系を明示し、その目的を明確に規定し、それらの原則に従って意思決定に一定のガイドラインを提供したもの」（M. Mathews, "Code of Ethics", 1987）と定義した。つまり、社員に対して会社が方針を示し遵守すべき一定の「ガイドライン」をさす。しかし、その前提には会社の経営理念ともいうべき全般的な価値体系の明示が必要である。

全般的な価値体系とは、創業者、経営者の経営に対する基本的な考え方や会社が定めた経営理念、社是などによって明示される。経営理念についていえば、文字の形で明示されているものもあれば、暗黙的に語り継がれているものもある。明示されているものには、抽象化した心に訴えるものや短いスローガンのようなものもある。我が国の企業の場合、経営理念、経営方針、社是、社訓などの明確な区別はなく、会社の経営を方向つける基本的な考え方、哲学、信念、あるいは目標を基本にしている。実際、一九九〇年当初、日本のコード・オブ・コンダクトは経営理念や社是、社訓がわが社の企業行動基準であると考えているところが多かった。

他方、アメリカ企業の多くはその遵守の厳しいことを知っており、内容は具体的で企業活動に一定の行動指針を与える実践的なものになっていた。入手した各社の企業行動基準は小冊子の形であるが、そのボリュームは大小様々である。一枚の声明書の形のものもあれば、それぞれの指針を詳しく具体的に訴えているものもある。企業行動基準を抽象化して簡単なものにするか、具体性のある細則まで及んだ形にするかは、各社各様の考え方がある。細則に及ぶ制定によって社員の行動を律するよりも、できるだけ大まかな方針にとどめて一人ひとりの判断に任せようとするものもある。また、それは業種や業態によっても企業行動基準に対する考え方は違ってくる。例えば、食品、医薬などは不祥事によっては直接人体に関わってくるものもあれば、そうでないものもある。また、自治体などの公共機関との取引が多いところでは、それらと企業との癒着によって起こる様々な不正行為のガイドラインとなる細則を制定しているところもある。

また、それは業界によって異なっている。つまり、業界によっては非倫理的行動に走りやすい企業とそうでない業界がある。つまり、業界によっては、公共機関と取引業者が密接な関係にあり、政治献金、収賄などで悪慣行が発生しやすいところがある。このような業界の中におかれている企業は行動基準をできるだけ細かく決めた方がよいという考えもある。他方、ソフト産業や研究開発型の産業では、あまり細かく規定するよりも社員の自立性を重んじた簡単な行動基準にした方がよいということもある。どちらの形をとる方がよいかは業界の特性によって異なってこよう。

(1) アメリカ企業の場合

企業行動基準について、筆者らが入手したアメリカ企業のビジネス倫理の基本項目は次のような行為である。

・独禁法の遵守（Antitrust）
・競争会社との関係（Competitor's Relation）
・政治献金の禁止（Political Contribution）

・利害の衝突（Conflict of Interest）
・供給者との関係（Supplier's Relation）
・贈答や接待に関すること（Gift & Entertainment）

この他に消費者との関係、従業員との関係、インサイダー取引や副業に関すること、帳簿や記録の改ざんが遵守の事項（コード）に入っている。これらの項目をみると、企業の最終目的である経済的成果の達成を追うあまり法的にも禁止されている行為を行い、公正な経済競争を忘れている事項といえる。独禁法や政治献金の禁止はアメリカ司法省の管轄下におかれている。

特に、独禁法違反（Antitrust）は日本よりも厳しく刑事罰が適用されて多額の罰金刑に処せられることが多い。アメリカでは企業、団体が政治献金を行うことを禁止している。政治献金はあくまで個人が行うものであり、会社として行うことは政治家との癒着による不公正取引を生むからである。したがって、アメリカ企業が日本で政治献金を行うことは禁止しているし、他方、日本ではアメリカ企業を含めて外資系企業から政治献金を受けることを禁じている。

競争会社や供給業者との関係では公正な市場取引が行われるべきであり、不当な価格設定や談合のような行為は行ってはならない。また、供給業者に対しては互恵取引を前提とすることも不公正取引になる。また利害の衝突や贈り物、接待は、経営者や社員が個人的な利益のために会社および顧客の利益と対立させたり、また対立するような状況を引き起こしてはならない。企業行動基準の遵守事項をどのようなものにするかは、その国の社会的、経済的背景から出てくる考え方の違い、法に対する考え方の違いによっても違ってくるし、その国の経済的しくみによって構成される業種の特性、経営規模、経営者の考え方の違いによって自ずと違ってくる。

(2) 日本企業の場合

日本企業の企業行動基準は九〇年代以降のものがほとんどである。これはバブル経済崩壊後の九一年以降に発生した証券、銀行等の不祥事が契機となっている。

産業界としてもこの重要性を認識し当時の経団連(現・日本経団連)は企業行動憲章を制定した。この憲章をベースに、日本経団連は各社も独自の企業行動基準を作るように促した(表1-1)。

また、同時期に経済同友会は、日本企業の経営改革の方策として内外に開かれた経営行動をとることを求めた「オープンシステムへの企業革新」を発表した。この提言で多くを割いている部分は、企業行動基準の制定を行う場合の行動基準の作り方、遵守の方法、教育プログラムの部分である。日本経団連の企業行動憲章と異なり、行動基準を作る場合の作り方まで解説されている。

企業行動基準は、我が国では九〇年代以降に制定されているが、それ以前にもあった。例えば、七〇年代初頭の石油ショックの時に総合商社による買い占め、売り惜しみの経営行為が大きな社会的批判を浴びた。この時は、それを二度と繰り返さない遵守の方法として、業界としての行動基準のガイ

表 1-1　日本経団連の「企業行動憲章」

企業行動憲章 —社会の信頼と共感を得るために— (社)日本経済団体連合会 1991 年 9 月 14 日　制定 1996 年 12 月 17 日　改定 2002 年 10 月 15 日　改定 2004 年 5 月 18 日　改定 2010 年 9 月 14 日　改定 企業は、公正な競争を通じて付加価値を創出し、雇用を生み出すなど経済社会の発展を担うとともに、広く社会にとって有用な存在でなければならない。そのため企業は、次の 10 原則に基づき、国の内外において、人権を尊重し、関係法令、国際ルールおよびその精神を遵守しつつ、持続可能な社会の創造に向けて、高い倫理観をもって社会的責任を果たしていく。 1. 社会的に有用で安全な商品・サービスを開発、提供し、消費者・顧客の満足と信頼を獲得する。 2. 公正、透明、自由な競争ならびに適正な取引を行う。また、政治、行政との健全かつ正常な関係を保つ。 3. 株主はもとより、広く社会とのコミュニケーションを行い、企業情報を積極的かつ公正に開示する。また、個人情報・顧客情報をはじめとする各種情報の保護・管理を徹底する。 4. 従業員の多様性、人格、個性を尊重するとともに、安全で働きやすい環境を確保し、ゆとりと豊かさを実現する。 5. 環境問題への取り組みは人類共通の課題であり、企業の存在と活動に必須の要件として、主体的に行動する。 6.「良き企業市民」として、積極的に社会貢献活動を行う。 7. 市民社会の秩序や安全に脅威を与える反社会的勢力および団体とは断固として対決し、関係遮断を徹底する。 8. 事業活動のグローバル化に対応し、各国・地域の法律の遵守、人権を含む各種の国際規範の尊重はもとより、文化や慣習、ステークホルダーの関心に配慮した経営を行い、当該国・地域の経済社会の発展に貢献する。 9. 経営トップは、本憲章の精神の実現が自らの役割であることを認識し、率先垂範の上、社内ならびにグループ企業にその徹底を図るとともに取引先にも促す。また、社内外の声を常時把握し、実効ある社内体制を確立する。 10. 本憲章に反するような事態が発生したときには、経営トップ自らが問題解決にあたる姿勢を内外に明らかにし、原因究明、再発防止に努める。また、社会への迅速かつ的確な情報の公開と説明責任を遂行し、権限と責任を明確にした上、自らを含めて厳正な処分を行う。

ドラインを制定した。これは「総合商社の行動基準」として七三年五月一〇日に日本貿易会から出されている。同時に各社もそれぞれが行動基準を制定した(三菱商事「わが社の行動基準について」七三年六月五日、伊藤忠商事「行動基準要鋼」七三年六月一二日、三井物産「行動基準要綱」七三年八月二日、丸紅「経営行動指針」七三年八月五日、日商岩井「行動基準」七三年九月一日、トーメン「行動基準」七三年九月一九日)。

ただ、この行動基準の基本となる「経営理念」についてはすでに各社とも制定している。企業行動基準は経営理念を具体化した経営行動のガイドラインであるから、その意味では経営理念をより具体化した指針である。しかし、経営理念と企業行動基準はどう違うかというと、厳密にはその違いを説明することは難しいが、その内容の具体性からいわれているもので、本質的な考えにあまり変わりはない。アメリカ企業や日本企業でも、経営理念に似たような抽象的で簡単な表現をとり、これを企業行動基準と呼んでいる企業もある。特に日本企業の場合は、経営理念をすなわち企業行動基準と解釈していることが多かった。

企業行動基準の内容は、(1)企業の社会責任、(2)従業員との関係、(3)取引先との関係、(4)情報活動について、(5)独禁法について、などである。このほかに、各社が業種、業界のおかれた状況を反映して具体的な行動基準を制定している。

これらの調査から分かることは、アメリカ企業と比べて日本企業の場合は、社会、従業員、経営者

表1-2　精密機械会社の「企業行動基準」

1. 基本的人権の尊重
  - (1) 人権の尊重、擁護
  - (2) 差別の禁止
  - (3) ハラスメント行為の禁止
  - (4) プライバシーの保護
  - (5) 労働基本権の尊重、擁護
  - (6) 強制労働、児童労働の禁止
  - (7) 労働安全性
2. オープン、フェア、クリアな事業活動
  - (1) 積極的なコミュニケーション
  - (2) 情報開示
  - (3) 公正な競争
  - (4) 公正な販売活動
  - (5) 公正な調達活動
  - (6) 腐敗防止
  - (7) 贈答、接待等の制限
  - (8) 役員、社員の立場での思想、宗教活動の禁止
  - (9) 反社会的勢力との断絶
  - (10) 輸出入法規の遵守
  - (11) 財務報告の正確性
  - (12) インサイダー取引の禁止
  - (13) 品質保証、製品、サービスの安全確保
3. 会社の資産、情報の安全、保護
  - (1) 会社資産の有効活用
  - (2) 利益相反の禁止
  - (3) 会社資産の不正利用の禁止
  - (4) 秘密情報の保護
  - (5) 他社の知的財産の保護
  - (6) 個人情報の保護
4. 環境の保全、保護
  - (1) 環境負荷削減、提言への取り組み
  - (2) 廃棄物規制
  - (3) 化学物質規制
  - (4) 公害防止

の基本的信条などをベースとした社外へのメッセージ型、協調型、理念型の色合いのものが多い。アメリカ企業の場合は先に述べたように独禁法、政治献金、競争業者、利害などの企業衝突にとって直接的に結びつくものを行動基準にしている。これは、アメリカ企業の場合と比べて日本企業の場合は、経営理念を前提にしながらそれを生かす形で行動基準の項目を制定しているからである。

これに対して、アメリカ企業の場合はまず、独禁法という厳しい法律があり、これに触れない公正な競争を遵守するための行動基準を制定している。参考までにここで、日本のある精密機械会社の「企業行動基準」の例を表1-2に示しておこう。

(3) 企業行動基準は何のために

それでは、企業行動基準は何のためにあるのだろうか。

企業行動基準がなくとも、倫理を重視する経営トップやその企業風土をもつ会社はあるが、行動基準の制定によって明確な意思決定の拠り所が示される。行動基準は会社として遵守すべき社内外へのコミットメント(誓約)なので、制定すること自体が経営者にとって勇気のいることである。一度制定したら絶対に遵守すべきことだし、犯してはならない会社の契約事項である。制定することによって、社内で共有される価値ともなり誇りにもなってくる。

第二に行動基準の制定はその基本となる経営管理システムを内部制度化する最初のステップである。会社として行動基準が制定されれば、それをいかに遵守してゆくかの方法論が次の課題となる。つまり、それをどこが所管し、担当する責任部門はどこなのか、またその直接的な責任者はだれなのか、それを常にフォローしてゆくための機関・監査体制をどうするか、さらにそれに触れた場合の処罰をどうするのかなどの様々な内部管理体制の構築が必要になる。

企業行動基準の遵守を徹底するためには、企業内に様々な管理体制が施されている必要がある。非倫理的行為を事前にチェックする予防装置（Safeguard）が各責任部署で作動していなければならない。それには企業倫理委員会、監査委員会、倫理担当オフィサー（Ethics Officer）、コンプライアンス・オフィサーの任命をはじめ、ヘルプラインやホットラインといった相談窓口、公益通報（内部告発：Whistle Blowing）の制度化が求められる。経営倫理を真に社内で徹底しようと思えば、それを遵守するための経営管理システムが必要なのである。

第三に企業行動基準は会社の力強い意志の表現であり、一度制定されるとその後若干の修正があるものの普遍的なものとなって受け継がれてゆく制度である。いつもそのことが繰り返されると、それが組織内に醸成され一つの企業文化となる。経営理念としての社是、社訓に加えて企業行動基準はそれをさらに具体化して、日常の経営行動で見失いがちなことに一定の歯止めをかける役割を果たす。

6　ビジネス倫理遵守の事例研究

世界的ヘルスケア企業――ジョンソン・エンド・ジョンソン（J&J）の挑戦

【J&Jについて】 J&Jの本社は、アメリカ・ニュージャージー州のニューブランズウィックである。ニューヨークから車で一時間ほど北東方向に行った、ちょうどラトガース大学（ニュージャージー州立大学の一つ）のキャンパスの近くに隣接している。J&Jの本社は創立者のジョンソン兄弟を記念して創られたジョンソンホールが、大学の図書館でも思い起こさせるようなシンボリックな建物である。ここが全世界の従業員八万人を率いるワールドヘッドクオター、世界本社である。八万人の本社としては意外に小さく、現在そこで従事する人は全従業員の一・五％前後である。

J&Jの本社、工場の入口、マネージャー、エグゼクティブの部屋、そして東京・神田にある日本の本社の受付、応接室、役員、工場（福島県）には必ず「Our Credo」が壁に掛けてある。「Our Credo」はアメリカ本社では英語であるが、日本では日本語で書かれ（表1-3）、ドイツ語、フランス語、スペイン語、中国語、韓国語というように各国語に翻訳されている。つまりJ&Jはこの「Our Credo」が全世界の従業員の行動指針となる倫理綱領なのである。

「Our Credo」に込められた行動指針は同社の全従業員の一つの誇りでもあり、そこに従事することの意義を共有している。倫理綱領を大変な労力と時間をかけて作っても、それが守られなければ何の意味もない。倫理綱領は日々の行動指針に生かされ一人ひとりの従業員の意思決定に生かされなければならない。そのためには、まず、従業員に事あるごとにこの考えを説き啓蒙することである。J&Jのようにあらゆるところに倫理綱領となる行動指針を掲げアピールするのも一つの方法である。倫理綱領は人々の心や精神に訴えるものであり、これが一人ひとりの行動指針に浸透するためには一定の年月を要する。つまり、その行動指針が会社の風土となり、企業文化を形成するためには、

表 1-3　我が信条（Our Credo）

我が信条
我々の第一の責任は、我々の製品およびサービスを使用してくれる医師、看護婦、患者、 そして母親、父親をはじめとする、すべての消費者に対するものであると確信する。 消費者一人一人のニーズに応えるにあたり、 我々の行なうすべての活動は質的に高い水準のものでなければならない。 適正な価格を維持するため、我々は常に製品原価を引き下げる努力をしなければならない。 顧客からの注文には、迅速、かつ正確に応えなければならない。 我々の取引先には、適正な利益をあげる機会を提供しなければならない。
我々の第二の責任は全社員——世界中で共に働く男性も女性も——に対するものである。 社員一人一人は個人として尊重され、その尊厳と価値が認められなければならない。 社員は安心して仕事に従事できなければならず。 働く環境は、清潔で、整理整頓され、かつ安全でなければならない。 社員が家族に対する責任を十分に果たすことができるよう、配慮しなければならない。 社員の提案、苦情が自由にできる環境でなければならない。 能力のある人々には、雇用、能力開発および昇進の機会が平等に与えられなければならない。 我々は有能な管理者を任命しなければならない。 そして、その行動は公正、かつ道義にかなったものでなければならない。
我々の第三の責任は、我々が生活し、働いている地域社会、 更には全世界の共同社会に対するものである。 我々は良き市民として、有益な社会事業および福祉に貢献し、 適切な租税を負担しなければならない。 我々は社会の発展、健康の増進、教員の改善に寄与する活動に参画しなければならない。 我々が使用する施設を常に良好な状態に保ち、環境と資源の保護に努めなければならない。
我々の第四の、そして最後の責任は、会社の株主に対するものである。 事業は健全な利益を生まなければならない。 我々は新しい考えを試みなければならない。 研究開発は継続され、革新的な企画は開発され、失敗は償わなければならない。 新しい設備を購入し、新しい施設を整備し、新しい製品を市場に導入しなければならない。 逆境の時に備えて蓄積を行なわなければならない。 これらすべての原則が実行されてはじめて、 株主は正当な報酬を享受することができるものと確信する。
ジョンソン・エンド・ジョンソン

絶えず繰り返し、執拗に問いかけ続けることが必要である。

【タイレノール事件】アメリカの経営倫理の教科書には、必ずといってよいほど、J&Jの「Our Credo」とタイレノール事件のことが例として紹介されている。この事件は一九八二年九月、シカゴ市内で鎮痛解熱剤「タイレノール」を服用した七名が死亡するというものであった。何者かがカプセルの中に青酸カリを入れたのである。

タイレノールはスーパーマーケット、ホテルや空港の売店などでも手軽に購入することができる、いわば我々に馴染みの「バッファリン」のようなものである。これは、アメリカでは「バッファリン」よりも最もポピュラーな鎮痛解熱剤なのである。これを製造販売していたのはJ&Jのファミリーカンパニーの一つ、マクニール・コンシューマープロダクツ社であったが、グループトップとしてのJ&JのCEOのジェームス・バーク会長以下七名の幹部による対策グループを即座に組織し、迅速な決定と指示を行った。

FDA（アメリカ食品医薬品局）に対しては、製造工程及び出荷工程の検査を要請、原因不明の段階で直ちに製品の即時回収に踏み切った。点検の結果、さらに七五個の毒物混入カプセルを発見した。関係会社からも、動員した二二五〇名のセールス担当者に大口顧客を回らせたり、FDAやWHO（世界保健機構）の協力も得られたことから、新たな犠牲者が出るのを防ぐことができた。この事件は結果的にJ&Jの社員によるものではなく近くに住む、黒人の何人組かの犯行と分かり逮捕された。しかし、これはＪ＆Ｊのブランドで販売した商品であり、その責任は免れない。その責任に対するＪ＆Ｊの真摯な姿勢と一連のきめ細かな対応は、毒物混入の責任が同社にないことが判明するに及んで、むしろＪ＆Ｊへの同情と賞賛に変わっていった。タイレノールの回収だけでも当時、一億ドルという巨費を投じながらも、後にこれはパッケージを改装して再び市場に戻ることになる。この事件によって、むしろＪ＆Ｊの消費者からの信頼は高まり、そのコストを十分回収する結果となった。

【「Our Credo」へのこだわり】 Ｊ＆Ｊでは「Our Credo」を社内で徹底するために様々な仕組みや方法を考えている。まず第一に「Our Credo」を社内の至る所に明示していること、そして第二には「Our Credo」を遵守すべき最高経営責任者ＣＥＯが、三年に一度、全世界のＪ＆Ｊグループの社長をニューブランズウィックの本社に召集し、四日間に渡って「Our Credo」だけに関する徹底した討論会を行わせる。これは七五年に当時会長ＣＥＯのジム・バーグが始めた「クレドーチャレンジミーティング」である。ここでは大講堂でのデスカッションに始まって、小グループに分かれクレドーの意義を再認識する。このように「Our Credo」に関しては最高経営責任者であるＣＥＯが自ら、Ｊ＆ＪグループのＣＥＯとの間で一つの誓約、コミットメントを取り交わすことになる。

第三に「Credo Survey」である。これは二〜三年に一度、全世界の社員に対して一二〇項目からなるアンケート調査を行うというものである。これはＪ＆Ｊの本社からグループ会社の社員かつ員がどう答えているか分からないし、それは本社の Credo Committee だけが知っている。このことはグループ会社の CEO が本当にこの「Our Credo」を遵守しているかどうかの社員からの評価の証ともなる。その Survey のいくつかを例示すると次の通りである。

・会社では一人ひとりを個人として認めていますか
・社員の人間性を尊重していますか
・会社は社員の価値を認めていますか
・会社は安心して長く勤務会社といえますか
・会社は社員を公正かつ適正に処遇していますか
・あなたの会社では社員が自由に提案できる雰囲気がありますか
・社員が自由に苦情や問題を提起できる雰囲気にありますか
・あなたは一年後にこの会社に勤務していると思いますか

(※以下略、このほかに百数項目あり)

これらの項目を見て分かるように、世界のグループ各社の社長は、社員からどう見られているかの非常に厳しい評価を受けることになる。また、世界のグループ会社は「クレドー・チャレンジ・ミーティング」を年一回開催している。例えば、J&J グループの日本企業の場合、主要部門の部長以上が宿泊しながら Credo についてのミーティングを開く。そこでは、それぞれの責任者が J&J の原点である「Our Credo」に立ち返り、はたしてそれを守って仕事をしているかどうか、経営活動を行っている中で「Our Credo」について幅広い議論を行い、それを確認し次の経営戦略を考える。この意味では「Our Credo」は、J&Jにとって経営戦略の基本を考える最初のスタンスとも成り得るのである。

【地域社会との関係】「Our Credo」の三番目に地域社会への責任がある。これは、今でこそ我が国企業も地域社会への貢献が企業の社会責任として様々な取組みがなされている。しかし、アメリカ企業と日本企業はこれに対する社会の考え方は基本的に違う。広大なアメリカでは、自分たちの住むところは自分たちで守りなさいという考えが基本にある。これは、銃に対する考え方についても同じである。銃規制がある一方で自衛のためには必要だという考えが今でも地域社会には強い。つまり連邦政府や州政府は、日本のように各自治体が地域社会の面倒をみてくれるのとは違うのである。

したがって、進出する企業は地域社会との共生、つまり企業市民（コーポレート・シチズンシップ）の一員となって、地域社会での活動の一端を担わなければならない。J&Jの地域社会との関係の事例として、同社の本社移転をめぐる話がある。元々の創業の地であるニューブランズウィックは七〇年代になって隣りのニューヨークから移り住む低所得者の住民が多くなり、治安が悪くなってきたため本社移転を考えていた。ところが、地元のニューブランズウィックは、J&Jが移転すれば税収が減り、財政は危機的状態になるのである。「Our Credo」に照らして考えた当時のCEOセラーズ会長は、結論として本社ビルを同じ町のダウンタウンに建てることにした。そのために、J&Jが中心となって町の再開発のために本社の建設だけでなく、町全体の発展のための様々な活性化対策が打ち出された。

その後一〇年間に、町全体では合計三億ドルが新たなビル建設に投じられ、荒廃化した町の様相は一変したといわれている。八三年に完成した本社ビルは、一二エーカーの敷地に垣根をめぐらすこともなく「公園の中のビル」と呼ばれている。その周りにはホテルやショッピングセンターモール、オフィスビル、駐車場なども次々と建設されていった。同社の関係するロバート・ウッド・ジョンソン大学病院も七五〇〇万ドルかけて増改築された。本社ビルの移転の検討から、一転して始まった街の再開発問題は、人口五万人の町に結果的に四〇〇〇人の新たな職をもたらし、年間三〇〇万ドルの税収を生む結果となった。今、J&J本社の向かいにはハイアット・ホテルがあるが、これはJ&Jが建設しハイアットが経営しているものである。地域社会への貢献は同社にとってWill（しましょう）でなく、Must（しなければならない）なのである。各国のグループ会社の社長の年俸査定の項目には「地域社会への貢献」というのがあり、何もしていなければマイナス評価になるという（本ケースについては高橋浩夫編著『企業倫理綱領の制定と実践』の中でまとめたJ&Jの事例と二〇一〇年四月に行った日本法人のJ&J社長ディビット・パウエル氏へのインタビューから構成した）。

雪印メグミルクのリバイバル戦略

【雪印の創業と食中毒事件】　雪印といえば、北の大地、北海道の雪をイメージするスノーブランドで消費者には牛乳、バターの会社として絶大な信頼とブランド力で親しまれてきた。雪印のルーツは北海道酪農の父と呼ばれる宇都宮仙太郎が極寒で不毛の大地を豊かにするのには酪農しかないと創業したことに始まる。宇都宮はもともと京都に生れたが、東京に出て牛乳が健康に良いことを初めて知り、無一文でアメリカに渡り酪農家に住み込みながら酪農技術を学ぶ。帰国して、北の大地を夢見てアメリカ農場で学んだことを仲間に呼びかけ一九二五年、共同出資して北海道酪農製販組合を設立した。その後、戦前戦後でいくつかの苦難を乗り越えて、五〇年雪印乳業株式会社としてスタートした。

その五〇年目にあたる二〇〇〇年に過去に例をみない食中毒事件を起こしたことは、ありにも大きな消費者の雪印への不信につながった。食中毒は二〇〇〇年六月二六日、和歌山県内で雪印の低脂肪乳を飲んだ子供が嘔吐や下痢を訴えたことに始まる。この頃、近畿地方各地で食中毒の情報が入ってきたが、それを製造した大阪工場は真摯に対応しなかった。これによる発症者数は一五都道府県で一万三四二〇人という食中毒事故としては過去最大のものとなった。その後の捜査によって、大阪工場で製品の原料として使われた、北海道・大樹工場でつくられた脱脂粉乳の汚染が原因であることが判明した。大樹工場での生産設備の不備による病原性黄色ブドウ球菌の増殖による毒素の発生が原因であった。本来ならば、滞留した原料は廃棄すべきものであったが、それをしなかった。「廃棄すれば、わずか九〇〇万で済んだはずの損失が、最終的には一〇〇〇億円以上の損失」になったといわれている。

この事件によって、雪印グループの製品が全品撤去され、グループ全体の経営が悪化してしまう。そして二〇〇一年から〇二年にかけてBSE問題（狂牛病、正式には牛海面状脳症）が発生し、グループ会社である雪印食品がアメリカ産牛肉を日本産牛肉と偽って販売したことが発覚し、決定的なイメージダウンとなった。何十年も掛けて築いてきた雪印のブランドは損なわれ、親会社である雪印乳業は元よりグループ会社の解体、再編を余儀なくされる結果となった。

この事件によって、雪印ブランドであるスノーブランドは消費者に受け入れられず、グループ間の統合、再編によって〇九年日本ミルクコミュニティと雪印乳業が共同持ち株会社「雪印メグミルク」を設立し一一年には新生「雪印メグミルク」として再生し今日にいたっている。

再生、雪印メグミルクは経営理念、企業行動規範、コーポレートガバナンス、社外取締役の導入、企業倫理委員会、CSRの強化など様々な取組みを行っている。〇二年には創業以来初めて債務超過に陥った企業にも大胆なリストラや事業の縮小・再編成を行ったことで、今や着実に再生してきており、消費者からの信頼回復の兆しが見え始めている。

【再生へのチャレンジ】まず再生、雪印メグミルクの企業理念は「私たちの使命」と題し次の三つを使命とした（図1-2）。そして、これを行うための行動規範として次の6つを掲げた。

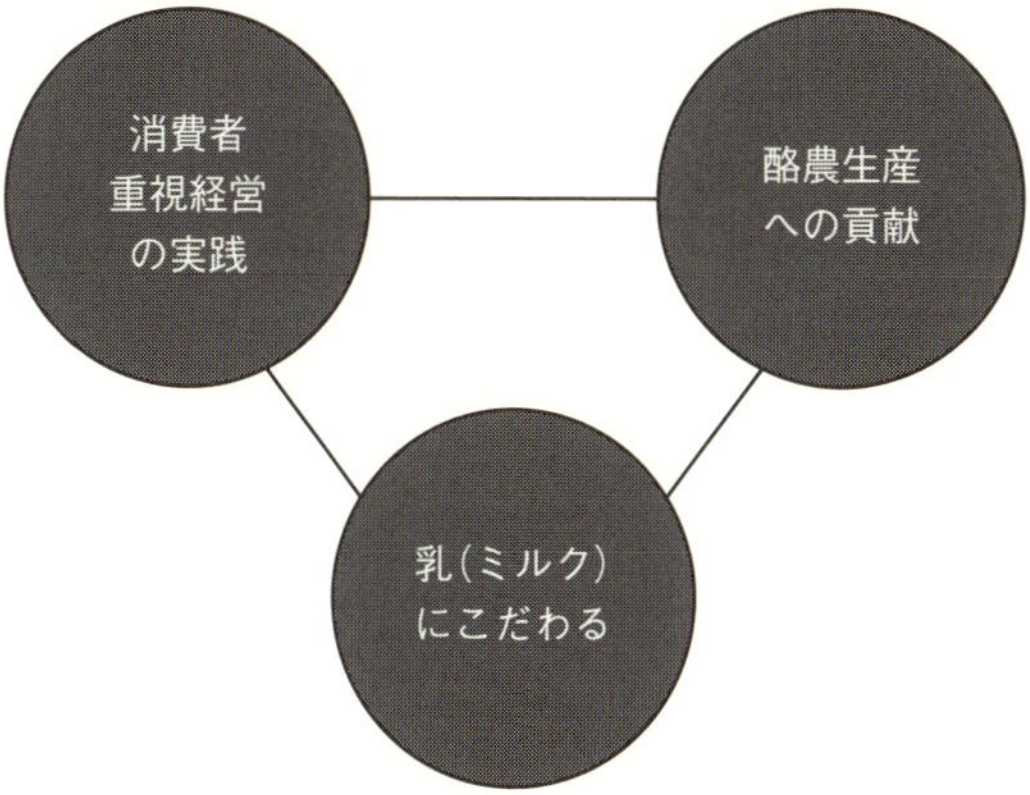

私たち雪印メグミルクグループは、３つの使命を果たし、
ミルクの新しい価値を創造することにより、
社会に貢献する企業であり続けます。

図 1-2　私たちの使命

1．私たちを取りまく全ての人たちの気持ちを大切にし、誰からも信頼されるように行動します。

2．品質管理を徹底し、安全で良質な商品・サービスを提供します。

3．コンプライアンスを徹底し、公正で透明性のある企業活動を行います。

4．会社の財産および情報の保全・管理を徹底するとともに、第三者の権利を尊重します。

5．企業活動を通じて、社会貢献と環境保全に取り組みます。

6．自由と革新にあふれた企業風土を構築し、安全で働きがいのある職場環境をつくります。

そのうえで、お客様、消費者に対する行

動、雪印メグミルクに関わる皆様に対する行動、社会に対する行動、雪印メグミルク行動基準に実践と運用で細かくその規範を示している。それではここで図1-2で示した「私たちの使命」の詳細についで次に紹介しておこう。

（1）消費者重視経営の実践

雪印メグミルクグループは、消費者基本法に定められた「消費者の権利」と「事業者の責務」をしっかりと認識し、

◇安全で安心していただける商品・サービスを提供すること
◇可能な限りの情報提供、情報開示を行うこと
◇消費者の声を傾聴し、経営に反映していくこと
◇危機管理の体制を整え、不測の事態に迅速且つ適切に対応していくこと

を基本姿勢として、消費者重視経営を実践していきます。

（2）酪農生産への貢献

私たち雪印メグミルクグループは、日本の酪農を基盤として成り立っています。私たちは、酪農生産者の良きパートナーとして信頼関係を深め、乳の価値をしっかりと伝えていくことで生産者の想いに応えていきます。そして、牛乳・乳製品の需要拡大を実現することで、国内酪農生産の基盤の強化と持続的発展に貢献していきます。

（3）乳（ミルク）にこだわる

私たち雪印メグミルクグループは、ミルクの持つ無限の可能性を信じミルクに向き合い、ミルクにこだわり続けることで、ミルクの持つ可能性を「深め」、ミルクの価値を「高め」、世界に「拡げていく」ことを実現していきます。

【行動基準のフォローアップ】

＊宣誓書の提出：全役職員は、「雪印メグミルク行動基準」を遵守する意思表示として、毎年一〇月に宣誓書に署名し、社長に提出する。社長自らも宣誓書に署名し、CSR担当役員に提出する。

＊CSR社員アンケート：グループ各社では、従業員の意識、行動が会社の目指す方向に向かっているか、CSR活動の取組みにより従業員のCSRマインドが醸成されているか等について、毎年モニタリングを行っている。アンケート結果は従業員にフィードバックするとともに、抽出した課題については、経営が対応の方向性を検討し、施策へ反映する。また、寄せられた社員の自由な意見は全常勤役員の生の声に耳を傾ける。

＊「食の安全を強く認識し、果たして行くことを誓う日の活動」――雪印の事件を風化させない活動：この活動は、全役職員が雪印乳業グループが起こした二つの事件（「雪印乳業食中毒事件」「雪印食品牛肉偽装事件」）の本質的問題を常に認識して教訓とし、風化させないということと、食品を扱い会社が担う責任を強く認識し、果たしていくことを誓うため、毎年、二つの事件が発生した六月

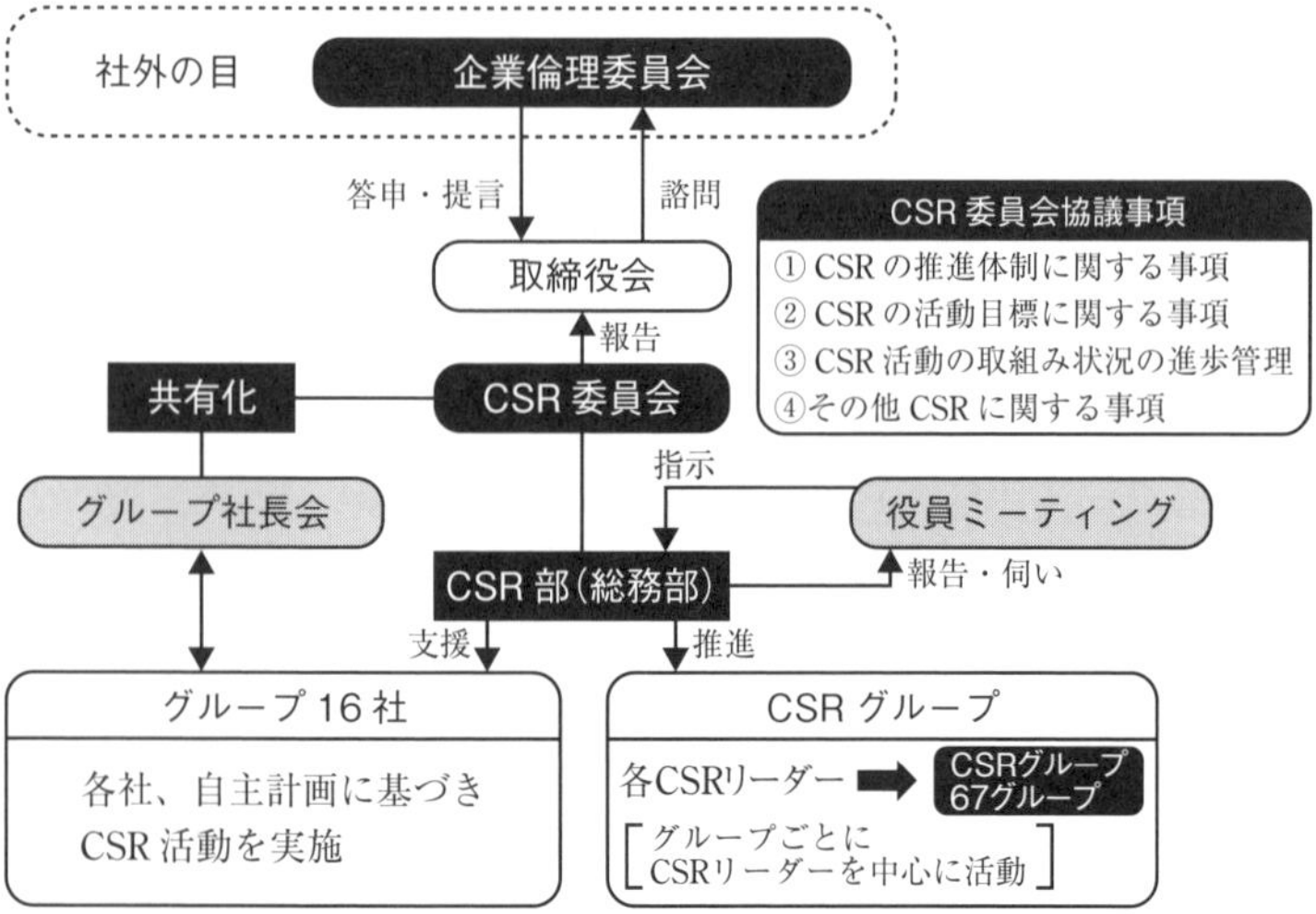

図 1-3　社外の目を取り込んだ CSR 活動

と一月に実施している。具体的な内容として、「社外有識者の講演」「品質に関する理解度テストの実施」「食中毒事件当時の報道番組を編集したDVDを全員で視聴する」などに取り組んでいる。

＊企業倫理委員会——社外の目：企業倫理委員会は、社外の有識者・社内労働組合の代表および社内委員で構成されている。この委員会は、取締役会の諮問機関とし原則毎月一回の定例委員会を開催している。そこでは、経営全般に対する「社外の目」による検証や提言がなされ、それらは経営に生かされている（図1-3）（本ケースについては二〇一五年三月、同社訪問の際の海外事業部での説明と筆者の資料、同社のネット公開資料から作成した）。

J&Jと雪印の事例からの教訓

二つの事例を通じて教訓としていえることは次のようなことであろう。

まず、両企業とも業界を代表する伝統的企業であり、創業間もない若い企業ではないこと。よくビジネス倫理にからむ不祥事を起こす企業は、歴史が浅く経済的成果を求めるあまり無理な行動の結果として事件になることがある。しかし、J&Jも雪印も伝統企業として、市場からの信頼を受け強いブランドを確立している企業である。「どうして、あの企業がそのようなことを」と誰しもが思う。J&Jはグローバル企業として全世界に事業を展開しているし、雪印は国内の乳製品では消費者からの圧倒的な支持を受けてきた。しかし、ブランド力のある企業ほど不祥事を起こすと大きな社会問題となり、その責任が厳しく問われることになる。

事件が毎日のように、テレビや新聞、雑誌などのマスコミ、さらにはインターネット上で取り上げられたら、その対応に苦慮することになるだろう。経営陣は元より従業員、地域社会、株主に多大な損害を与えることにもなる。消費者の脳裡、ブランドへの傷はそう簡単に消えるものではない。その回復には多大な代償と時間がかかる。雪印の場合でも十数年の年月を経た現在においても、まだ信頼回復の途上だといえよう。

二つ目は両企業とも消費者に直接結びついた事業を行っていることである。薬も乳製品も我々の生活と直接に結びつき、生命との直接的関係をもっている。一般的にいえることは、ビジネス倫理が厳しく問われる企業は自動車、医薬、食品、住宅などの我々の生活と直接結びつく企業や公共性が高い銀行や証券、保険などである。近年これらの業種で発生するあまりにも多い消費者を欺いた行為に社会全体として対応するために政府が設置したのが消費者庁である。医薬や食品を扱う企業は社会的責任の重いことを自覚しなければならない。

三つ目は事件発生時の対応の仕方である。企業活動が大規模化してくるとビジネス倫理をいかに徹底したとしても、必ず不祥事は起こる。どんな企業であっても、人間の織り成す企業活動には過ちは付きものである。その場合、個人として行ったのか、複数の者による組織ぐるみとして行ったのか、最高トップの指示で行ったのかが問われる。J&Jの場合は全くの他人の犯罪であった。しかし、それに対して最高経営責任者CEOが自らの責任と受けとめて迅速に対応をとった。他方、雪印は事件が拡大しているのにもかかわらず、迅速な対応をとらなかった。また、最高トップである社長はマスコミに対して、不可解な言動を行ったことが社会に広がり、同社への不信を増大させた。しかも、グループ会社である雪印食品は食品偽装を組織ぐるみで行っていることが判明した。ビジネス倫理は企業の基本姿勢に関することであり、その最終責任はトップにあることを自覚しなければならない。組織活動の最高責任はトップであり、自らが事件の全面に出て迅速な指揮をとらなければならない。

第2章　経営戦略とビジネス倫理

1　ビジネス倫理研究の二つの流れ

ビジネス倫理の「倫理」だけで考えると倫理は哲学や宗教と並んで人間としての生き方、社会との関わりについての深淵な研究課題である。倫理の研究は歴史的にも古代ローマ時代から論じられてきた。倫理はアリストテレスから始まって、ベンサムやミルの功利主義、カントの義務論、ロールズの正義論など、何が倫理かについて様々な立場から議論されてきた。しかし、多くの学問はヨーロッパで生まれ、やがて新天地アメリカに渡って一つの研究領域を形成するように、「倫理、哲学」の研究もアメリカに渡って幅広く議論されてきた。

この流れにあって、ヨーロッパで生まれた倫理研究は実践主義を重んずるアメリカでは、それが現実感覚を欠いた机上の空論だとして一九七〇年代後半ごろから純粋な倫理研究から遠のいてゆく。アメリカの大学で倫理、哲学の学位をとっても研究職などの仕事にありつけないこともあった。そこでこれを現実社会に応用し社会に内在するさまざまな問題を倫理学の視点から考察しようとしたのが「応用倫理学」である。これは、哲学、倫理を純粋に議論する「純粋倫理学」とは違った新しい研究領域である（梅津光弘『ビジネスの倫理学』）。

まず、アメリカの研究者たちが最初に注目したのが、医療技術の進展に伴って新たに倫理的視点から考察し始めた生命倫理学（Bioethics）である。この動きはすでに五〇年代からその萌芽がみられるが、応用倫理学の分野で医療倫理学（Medical Ethics）が本格化するのは七〇年代以降である。その後、工業化社会に伴う地球規模での経済発展の結果として環境問題を倫理的側面から研究しようとする環境倫理学（Environmental Ethics）、そして企業活動の不正を倫理面からとらえようとするビジネス倫理学（Business Ethics）が登場するようになる。アメリカ経営倫理学会（The Society for Business Ethics）は七五年の設立であるが、当初はその多くの会員は哲学、宗教、倫理の研究者であった。

ビジネス倫理が注目され始めたのは、八〇年代以降に起こった様々な企業不正事件（ビジネススキャンダル）がきっかけであり、このことはアメリカのビジネススクールでも大きな問題として扱われた。この問題へは、企業の社会的責任や法律家の立場からとらえようとするものや、企業の経営戦略と関連させて考察しようとするものなど様々なアプローチが出された。筆者は九二年九月、アメリカのビジネス倫理研究の動向を調査するためにミシガン大学ビジネススクール教授のラルー・ホスマー（LaRue T. Hosmer, 1927-2014）を尋ねた。氏は経営戦略とビジネス倫理の専門家であり、ビジネス倫理は経営戦略の裏返しであることを著書である *The Ethics of Management* を通して教えてくれた。

本書の目指すところは「戦略としてのビジネス倫理」であり、ビジネス倫理を経営戦略と関連づけて考えるところにある。

2　経営戦略とビジネス倫理との関係

経営戦略とは

経営学関係の本を探していると、「……戦略（論）」あるいは「戦略的……」といった書名のものを多く目にする。まず、経営戦略（Corporate Strategy）とは何か。英語の Strategy は、本来的には軍事用語であり、それは「大局的な戦争運営の方針や策略」を意味し、「局地的な戦闘に勝つための方策」を指す戦術（Tactics）とは対をなす言葉である。前者は何のためにどこと戦うかであり、後者はその目的にそっていかに戦うかである。何のために、どこで戦うかという目的設定を誤ると、いくら局地的な戦術に優れていても究極的にはその大きな戦略設定の流れには負けてしまうのである。戦う敵国をどこと定め、それに勝つためにはどのような目標設定を行うことこそが大事であり、戦術である方法論に勝る力をもつのである。

さて、これを企業の戦略に置き換えたらどのように考えられるだろう。市場経済の下における企業は競合他社、業界他社、そして今、国内企業だけでなく海外企業との闘い、いわば地球規模での競争「メガ・コンペティション」(Mega Competition)である。グローバル競争の中で、将来の企業成長の柱をどこに定め、今ある経営資源をどのように重点配分するかを決定してゆかなければならない。将来の事業の柱をどこにおき、そのための経営資源の重点配分をどうするかの長期経営方針の決定が経営戦略である。

例えば、キヤノンを例にとってみると設立当初(一九三七年)は、カメラの生産販売を柱とするカメラ事業の会社だった。しかし、もし同社が今日カメラ事業だけに依存していたならば、カメラは同業他社との激しい競争による成熟事業となり、現在の優良企業の地位を築けなかっただろう。キヤノンは戦略としてカメラの技術を核にしながら複写機事業、コンピューター関連機器へと多角化を行い、また国内市場から海外市場への国際化戦略も図った。この例をみると、多角化と国際化は経営戦略の代表的選択肢であることが分かる。つまり、大局的にみれば同社の戦略はカメラ事業の成熟化を予測し、次の事業となる複写機、コンピューター関連機器、そして海外市場開発へと事業を拡大していった。もし、カメラ事業だけに留まっていたならば競業他社が現れやがて成熟化し、目先の経営手法を駆使しただけでは大きな成長を図れなかっただろう。同社の経営戦略は、長期を見通した新規事業分野への経営資源の重点配分を行ってきた。

経営戦略はこのように経済環境の変化に対応した未来への経営資源の再配分である。しかし、経営戦略はリスクも伴う。このリスクに果敢に挑戦し、最終的な意思決定を行うのが経営の最高経営責任者であるCEO（Chief Executive Officer）である。CEOに課せられた最大の任務は戦略的意思決定である。ノーベル賞を経営学の分野で初めて受賞したハーバート・サイモン（Herbert A. Simon, 1916-2001）は、企業における意思決定には定型的意思決定（programmed decision）と非定型的意思決定（nonprogrammed decision）があるとし、経営者の意思決定は非定型的意思決定にこそあると説いた。日常の意思決定は定型的意思決定の中で反復的に各々の分担された職務の中で行われるが、経営の基本方針に関わる経営戦略の中枢となる非定型的意思決定は最高経営責任者に課せられた固有の意思決定である。

経営戦略の二つの視点――製品市場と経営者の倫理感

キヤノンの例にみるように新製品開発、新事業による多角化そして海外進出を経営戦略の視点からマトリックスで考えたのが製品市場マトリックスである。これは経営戦略論で著名な研究者であるイゴール・アンゾフ（H. Igor Ansoff, 1918-2002）である。アンゾフの戦略論は分かりやすく我が国の

製品 市場	現在	将来
現在	市場浸透	製品開発
将来	市場開発	多角化

図 2-1　製品市場マトリックス

経営戦略論の考え方に多大な影響を与えた。

アンゾフは経営戦略の概念を「戦略的意思決定の究極の目的は企業成長のために製品と市場とのコンビネーションを選択することである」とし、企業がいかなる市場、製品を創造し、どのような事業領域を構築するかを経営戦略の中心課題に据えた。この考えは図２-１のような「製品市場マトリックス」で説明することができる。

さて、もう一人の経営戦略論の研究で影響を与えたのはケネス・アンドルース（Kenneth R. Andrews, 1916-2005）である。アンドルースは、アンゾフが経営戦略を機能合理的に考えたのに対し、製品市場戦略を追求するにあたって最終的意思決定を下す経営者の倫理感に注目した。アンドルースはハーバード・ビジネススクールの教授でありマーケティングで有名なＳＷＯＴ分析（図２-２）でも知られている。それは自社（内部環境）と外部環境との関係からマトリックス的に強み（Strengths）、弱み（Weaknesses）、機会（Opportunities）、脅威（Threats）の観点から考察したものである。

これも経営戦略を考える際に分かりやすく、アンゾフと同様、経営戦略論に大きな影響を与えた。しかし、アンドルースはＳＷＯＴ分析をより掘り下げた形

機会 Opportunities 自社のチャンスとなる 外部要因	脅威 Threats 自社を脅かす 外部要因
強み Strengths 自社の武器	弱み Weaknesses 自社の苦手なこと

経営者の倫理観

図 2-2　SWOT 分析

で経営者の倫理的側面を重視したことで、その深淵な洞察から「経営戦略の父」と呼ばれた（*The Concept of Corporate Strategy*, 1971：邦訳『経営戦略論』）。アンドルースは経営戦略を経営者の夢、チャレンジとしてその思いを具体化するためにはまず、経営者の個人的価値観、倫理感がどのようなものかが問われなければならないとした。単に機能合理的に製品市場やSWOT分析からとらえるのではなく、その根底にある企業の存在意義、社会的使命とは何かを確固としてもっているかどうかを問題にした。

経営者の個人的価値観と道徳感はそれが言葉になっていなくとも、戦略上の判断に表れるという。それは、経営者の意思決定によって表現され、各事業にも自然に反映される。したがって、企業としての存在意義、社会的使命は何かに確固とした使命感をもち、それは場当たり的なものでなく、強靱な意思をもって発信しなければならない。企業の存在理由を単に経済面だけに限定してしまうのはあまりにも短兵急である。企業の経営戦略はその社会的使命とは何かにおいても目標がなければならない。経済面とはアンゾフの製品市場マトリックスによる機能合理的側面から考えた経営資源の重点配分である。しかし、経営戦略は人間の行う行為であり、それに最終的意思決定を下すのは経営の最高経営責任者・CEOである。つまり、経営戦略は人間の織り成す経営行為である限り、究極的にはお互いがその具体的行為を見ているのである。つまり、組織の末端である現場は上司である主任や係長、課員は課長そして部長、部長は役員を、役員は最高トップであるCEOの経営行動を見ている。経営戦略といっても、それを職務として具体的に担うのは一人ひとりの人間であり、職務に対する日常の倫理感が基本になければならない。

3　戦略としての日本のビジネス倫理

アメリカの経営と日本の経営の違い――制度化の意味

日本経営倫理学会はアメリカのBusiness Ethics研究の流れの中で、一九九三年に学会を設立したが、我が国には、アメリカのBusiness Ethicsに相当するビジネス倫理の考え方がそれまでなかったのであろうか。かつて、アメリカの経営倫理学会長（Society for Business Ethics）だったダリル・ケーン教授（Daryl Koehn）は、今日のアメリカ企業の創業期には盗賊貴族（Robber Baron）といって略奪や買収、合併による悪徳行為を繰り返すことで企業成長したのに対して、日本企業は創業の理念を天下、国家への貢献を基本に据え発展してきたことを指摘した。アメリカのビジネス倫理研究者からみれば日本企業の今日の発展は社会への貢献というビジネス倫理を基本に据えた正に「戦略としてのビジネス倫理」の証だと指摘する。

しかし、日本企業の発展を世界が注目し、日本の経営を学ぼうという動きがあっても、日本の経営の特徴を普遍化するまでには至っていない。つまり、日本の経営は我々日本人の間だけに共有される暗黙知の中に存在しているからである。これに対しアメリカの場合は、経営に共通するルールは経営管理手法の中に取り込まれている。これこそが、アメリカの経営学の祖といわれるテイラー（F.W. Taylor, 1856-1915）の「科学的管理法」の伝統であり、「アメリカの経営(学)の基本がマニュアル」といわれる所以である。日本と違ってアメリカは多民族社会である。人種、宗教、言語、価値観、慣習、習慣が違う。これらの違いを乗り越えて一つの目標に向かって仕事をしてもらうためには共通のルール、マニュアルが必要なのである。

アメリカの社会学者である、エドワード・T・ホール（Edward T. Hall, 1914-2009）はその著書『文化を越えて（*Beyond Culture*, 1976）』（TBSブリタニカ、一九七九）の中で、ハイコンテクスト（High Context）社会とローコンテクスト（Low Context）社会からとらえている（図2－3）。コンテクストとは共通の価値、同じ価値体系と考えてよいだろう。アメリカのような多民族社会では、ローコンテクストを基本とする社会がゆえにそれを共有する仕事の仕組みとして、それぞれの職務を明文

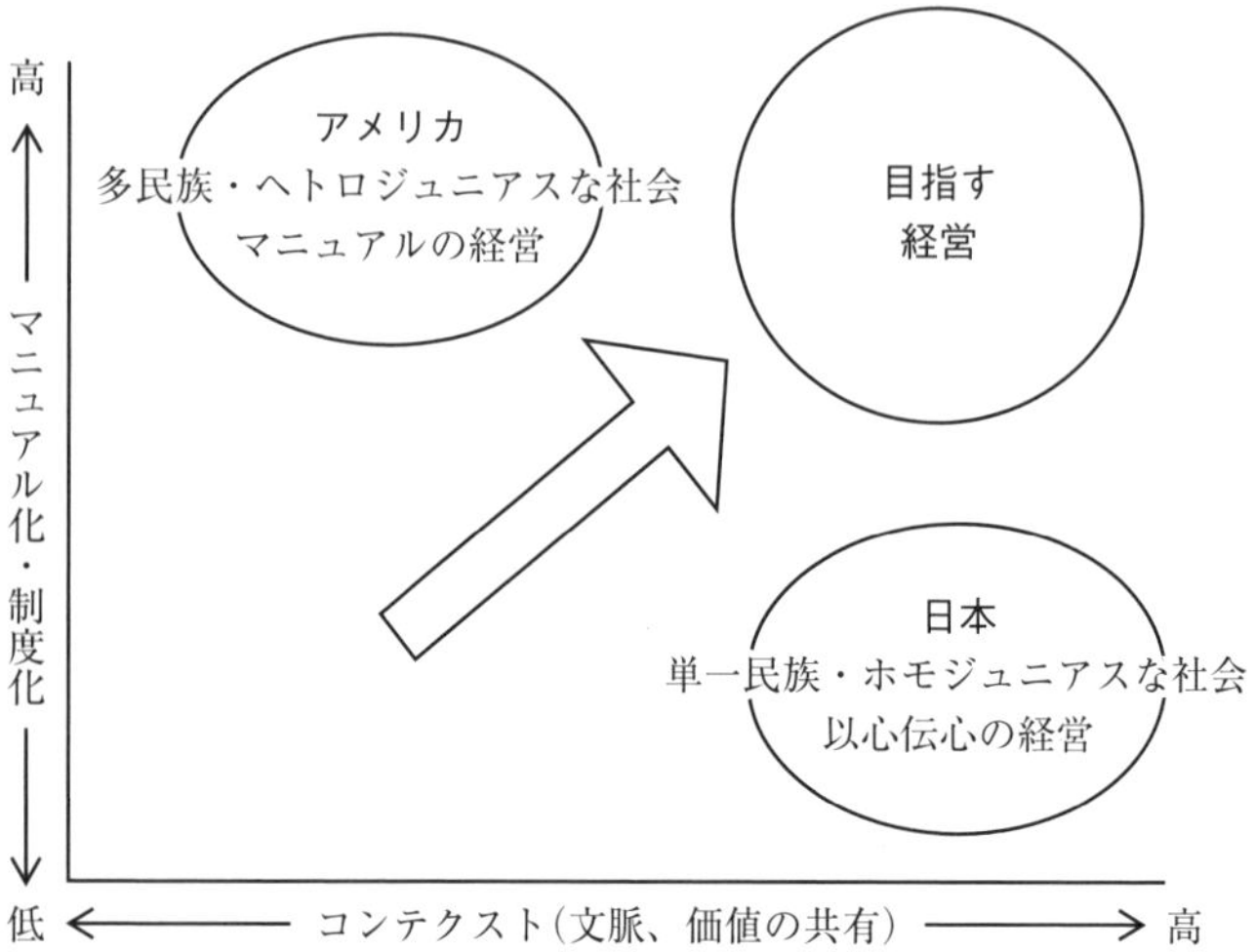

（出典：アメリカの社会学者エドワード・T. ホール『文化を越えて』を元に筆者が図式化）

図 2-3　ハイコンテクストな社会とローコンテクストな社会

化する必要がある。つまり仕事のマニュアル化である。

これに対して我が国の社会は、基本的に同一民族であり、それほどマニュアルにしなくとも言葉や心で伝わる「以心伝心」の考え方がある。これは他の考え方でとらえると、アメリカの経営が形式知なのに対し、日本の経営が暗黙知だととらえることもできる。つまり、アメリカの経営は一つひとつの仕事を形式化、マニュアル化して皆が共有できるような仕組みを作ることが基本にあるのに対し、日本の経営は一人ひとりが経験、体感することによって体の中に埋め込まれた暗黙の知識が生かされた職務の体系となっている。

しかし、新しい知識の創造では、これら両者を組み合わせることで成果が生まれる。暗黙知だけでは新しい知識創造はできないし、形式知だけでも真の知識創造は生まれてこない。日本の経営もアメリカの経営もこれらの両者を組み込みながら知識創造を行ってきた。しかし、相対的にみればアメリカの経営がより形式知に依存したマニュアルによる職務に対し、日本の経営は同質化社会の中で共有される以心伝心、つまり暗黙知の中にその特徴がある。しかし日本の経営は今やグローバルな事業展開と共に、いかに異質なものを取り込んだ、より形式化した職務の体系の整備が要請されている。

アメリカから学んだ経営（学）、つまり科学的で効率的に行う経営管理手法は、日本の経営の発展に大きな影響を与え様々な経営手法を取り入れてきた。本書に登場するキーワードである、ビジネス倫理（Business Ethics）、企業行動基準（Code of Conduct）、コーポレート・ガバナンス（Corporate Governance）、賄賂（Bribery）、粉飾決算（Window Dressing）、利益供与（Profit Give）、アンチトラスト（Antitrust）、インサイダー取引（Insider trading）、損失補填（Loss Compensation）、リコール（Recall）、製造物責任（Product Liability）、セクハラ（Sexual Harassment）、男女雇用均等法（Equal Opportunity）、ステークホルダー（Stake holder）、ＣＳＲ（Corporate Social Responsibility）、ＣＳＶ（Corporate Shared Value）、ダイバーシティー（Diversity）、コンプライアンス（Compliance）、グローバルコンパクト（Global Compact）、ＰＲＭＥなどは、すべてアメリカの経営から見習ったものである。

アメリカの経営(学)の特徴は、変化する社会を先取りする形で経営上の諸問題を科学的に解決するための経営手法を生み出してきた。これこそが今なおアメリカのビジネスの強みである「ソフトパワー」であろう。戦後、日本の経営はアメリカの経営を次々と取り入れ、それを改良改善する形で日本の経営を進化させてきたのである。

日本の経営の特徴

さて、日本の経営の特徴とは何だろうか。日本の工場とアメリカの工場を調査し、その違いを指摘したジェームズ・アベグレン(James C. Abegglen, 1926-2007)は、日本企業の特徴として次の三つを指摘した。

一つは終身雇用制(Lifetime Employment)、二つ目が年功序列制(Seniority System)、三つ目が企業内組合(In House Union)である。これはアメリカの雇用契約制(Contract System)、能力制(Ability System)、産業別組合(Industry Union)との違いを対比させたものである。これはその後、日本の経営の特徴を海外で説明する場合のキーワードとなった。このほかに、日本の経営の特徴としてボトムアップ経営、稟議制度、従業員主権、現場主義、集団主義、人本主義など、これらいずれも、欧米との比較で相対的にみた日本の経営の特徴として語られている。

ただ、そこで共通する日本の経営の特徴は、基本的に「人」に関することであり、いかに「人」を大事な経営資源と位置づけ、経営戦略を実践してきたかということである。「経営は人なり」ということが、日本の経営ではごく普通に語り継がれてきている。近年、アメリカでは人事部（Personnel Management）に替ってヒューマンリソース・マネジメント（Human Resource Management：HRM）が一般化している。

日本でもアメリカの影響を受けてHR部門とかHRM、いわば人的資源管理の名前で研究されている。これは、アメリカの経営学の祖といわれるテーラー（F.W.Taylor, 1856-1915）の「科学的管理法」以来、経営資源である「人」が、モノやカネと同列に扱われてきたことへの反省の中で、「人」は何よりも大切な経営資源であるという認識の中から生まれている。世界のベストセラー、そして日本の産業界でも多くの人に読まれているマッキンゼーの二人のコンサルタント（T. J. Peters & R. H. Waterman, Jr.）による『エクセレント・カンパニー（*In Search of Excellence*）』の主要趣旨は、「アメリカの優良企業に共通していることは「人」を最も大切な経営資源と位置づけていること」を指摘したことである。

日本の経営者の倫理

次に、日本の経営者の倫理について考えてみよう。日本の経営者の倫理を探っていくと、そこにはどのような特徴がみえてくるのであろうか。[*1]

一般的に、日本の経営のルーツとなる経営者の倫理を語るには武士道や商人道の教えが語られる。しかし、ビジネス倫理の研究で日本の経営の精神を語る上で欠かせないのが「論語と算盤」の渋沢栄一である。論語は中国の古典で語られている人間の生き方、道徳、倫理に関わる奥深い考え方であり、一方、算盤（そろばん）は商売、ビジネスに関わる経済成果である。渋沢は経営にはこれらの両輪が回ることによって始めて長期的成果が可能であると説いた。渋沢の経営の真髄にせまるカギとなる論語の言葉に「君子は義に喩り、小人は利に喩る」という部分である。これは、君主というのは、何を成すべきかということに敏感で、小人は何が儲かるかということに敏感だということである。「義」というのは、今でいう責任（Responsibility）、つまり「事業を営んでいたら社会的責任を果たさなければならない。この社会的責任とは何かを感じ取り事業をいとなむことが君子、つまり経営者の責任だ」と説いている。

倫理や道徳の問題を実際の経営で考えると、それは矛盾することだと考えられがちである。道徳、倫理を追求すると算盤は成り立たず、他方、算盤だけを追求すると倫理、道徳は成り立たないと考えてしまう。しかし、渋沢は「論語と算盤」「道徳、倫理と経済」は本質的に一致すると考えた。「道徳、倫理」には消極的側面と積極的側面あるいは「守りの倫理」と「攻めの倫理」があると考えた。消極的、守りの部分は「為すべからざることはするな」ということである。これは、法令順守、コンプライアンスのことであり、ビジネス倫理の議論もこの部分に焦点が当てられている。

他方、積極的、攻めの部分は「為すべきことをせよ」ということである。今、何が必要か、何がこれからの流れなのかをくみ取ることが君子である経営者の責任なのである。このことは「道徳と経済は一致する」と考えた渋沢の「道徳経済合一」論である。渋沢は『論語』を一番大事な愛読書とし、儒教を信奉し、独特の儒教解釈をした。つまり今日の経営で考えてみると、道徳や倫理を基本におかなければ、それは何のための経営なのか、単なる経済成果の追求なのか、ということになってしまう。このような道徳、倫理を基本にしない単なる短期利益の追求は、社会とは相容れなくなり企業成長は長続きしない。経営活動の中に倫理、道徳が包みこまれ、それが社会の健全な発展に寄与しているならば、経営の長期的発展が可能となるのである。

花王で中興の祖といわれた丸田芳郎社長は聖徳太子の「十七条憲法」を座右の書にしていた。これは人間の生き方、道徳や倫理を説いたものであるが、氏は経営の哲学としてそれを一つの信条にしていた。九〇年代になってバブル崩壊による企業業績が悪化する中で、花王の業績は突出し、このような企業も我が国にあるのかと当時注目された。聖徳太子の十七条憲法に語られているのは、それぞれの世界には為すべき社会的責任、つまり企業においては、それぞれの企業に課せられた事業ドメインに対して経営者が確固とした倫理感をもっていることなのである。花王の為すべきことは丸田が考える「清潔な国民は栄える」という清浄奉仕であり、それを積極果敢に攻めていくことが花王の使命と考えた。これを一人ひとりの社員で共有することこそが、いわば渋沢のいう「道徳経済合一」という考え方なのである。

私はここにこそ日本の経営の特徴、つまり「戦略としてのビジネス倫理」が隠されていると考える。アメリカ流のビジネス・エッシクスといわないまでも、多くの日本の経営者は経営戦略の中にビジネス倫理を暗黙知として埋め込んでいる。これこそが日本の経営が世界から評価され今日のグローバルな企業発展につながった理由である。

＊1　私はかつて経営専門誌である『JMAマネジメントレビュー』誌（一般社団法人日本能率協会発行）の依頼を受けて、今日の日本の代表的企業の創業期の経営者のルーツを探る連載を二カ月に一回の割合で五年間ほど連載記事を書いたことがある。そこに登場した経営者には、キッコーマン・茂木啓三郎、コマツ・竹内明太郎、NEC・小林宏治、味の素・鈴木三郎助、日本窒素・野口遵、古河電工・古河市兵衛、浅野セメント・浅野総一郎、日立製作所・小平浪平、東急電鉄・五島慶太、東京電力・木川田一隆、花王・丸田芳郎、日本化薬・原安三郎、出光興産・出光佐三、ミズノ・水野利八、サントリー・鳥井信治郎、資生堂・福原義信、トヨタ自動織機・豊田佐吉、モスフード・桜田慧、ヤマハ発動機・山葉寅楠、旭化成・宮崎輝、このほか岩崎弥太郎、盛田昭夫、豊田喜一郎、松下幸之助、御木本幸吉、渋沢栄一、石坂泰三、小林一三、吉田忠雄、立石一真、大原孫三郎、御手洗毅、等々の経営者である。これらの日本の産業を興した経営者のルーツを探っていくと、次の三つのことが分かった。

①明治、大正、昭和初期にもかかわらず、海外の先進技術を学ぼうとして、当時の欧米各国を自分の目で見て歩いていること、いわば海外視察の中で学んできていること

②事業を起こす場合、日本の将来、いわば天下国家を見据えた社会への貢献、公益の追求という確固とした倫理感と壮大な夢を描いて起業していること

③何事にも豊富な問題意識をもち新しい事業を始めようとするパイオニア精神でリスクに果敢に挑戦していること

4　最高意思決定組織とビジネス倫理

経営戦略と経営者の倫理との関係についてこれまで述べてきたが、ここではその制度的枠組みである経営の最高意思決定組織について考えてみよう。これは近年来、日本の経営のコーポレート・ガバナンス改革の形で議論されてきた課題であり、バブル崩壊後の業績低迷や不祥事の発生要因は最高意思決定組織の制度的欠陥が問われる形で議論されてきたからである。

株式会社——三権分立の考え方と実態

まず、最高意思決定組織であるコーポレート・ガバナンス（Corporate Governance）とは、原文からすると会社（Corporate）をどう統治（Governance）するかという意味である。

会社を統治するということは会社を誰が統治するか、あるいは会社は誰によって統治されているのかということだ。会社は経営者によって経営されているのだから会社の統治は経営者が行っていると考える。しかし、会社の経営は誰が経営者を選び、どのように経営者を牽制しているかを考えると、会社の統治の仕組みをもう少し深く考察する必要がある。

会社には事業所である現場から、ミドル層・トップに至るまで、多くの社員が仕事に従事している。我が国の大企業のトップには、一般社員として入社しローワー、ミドルへと組織の階層を経験し、最終的に最高経営責任者（CEO）である社長・会長に就いた「サラリーマン経営者」といわれる人が多い。この場合、経営者は社員の中から選ばれた代表者であり、トップマネジメントになって会社の経営にあたる。ここでの会社に対する基本的認識は、会社は社員である従業員のものであり、経営者はその代表者として従業員と一体となった共同体組織の一員ということである。

他方、会社の存立基盤として資本を出資している株主が存在する。株主の立場からみれば、経営者は株主が選んだ代表者であり、経営を託した株主の代理人であると考える。法律（会社法）に基づいてつくられた法人格としての株主会社の仕組みは、出資者である株主の最高議決機関が株主総会であり、株主総会で選任された取締役の代表者が実際の経営活動である業務執行を行う。この視点からすれば会社は株主のものであり、株主から託された経営者が株主の利益のために経営を行うという株主主権の立場が主張される。

株式会社のもともとの発想と仕組みは、民主主義の司法・行政・立法の三権分立の思想に基づいている（図2-4）。つまり、司法は法の番人としてそれを牽制するところであり、株式会社でその責任を担うのは監査役、行政は実際の政策を行うところであり、株式会社でその責任を担うのが取締役会、立法は国民の最高の議決機関である国会であり、株式会社でその責任を担うのは会社の最高の意思決定機関である株主総会である。そして、経営の執行責任を負うのが取締役会で選任された最高経

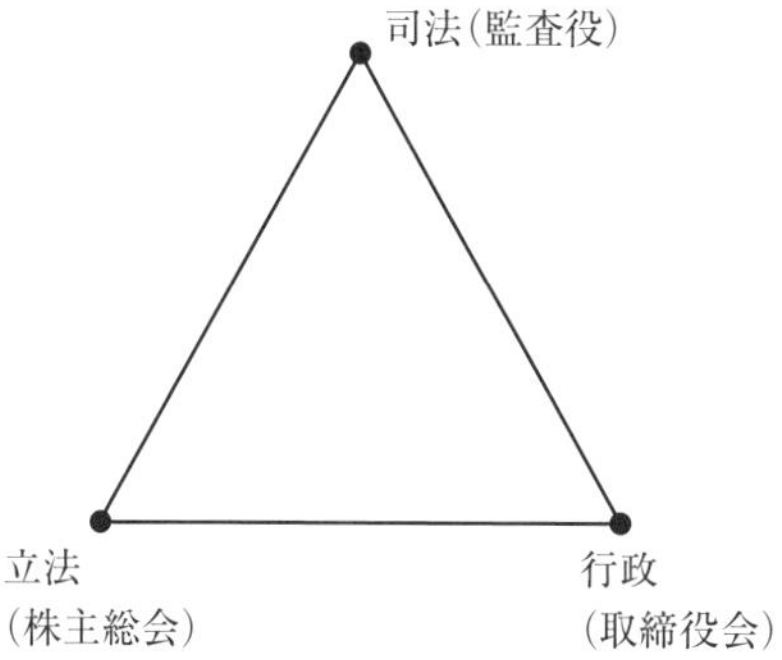

図 2-4　三権分立の仕組み

営責任者である。株式会社はこのような三権分立の思想のもとに、社会に開かれた法律上の人格として公正な意思決定が行われる仕組みとして構成されている。つまり、執行責任者である最高経営責任者一人に専制的な権力が集中するのではなく、三権が互いに牽制し合い、監視し合うことで株式会社の民主性と公平性のチェック・アンド・バランスが保たれるという考え方である。

ところが、近年までの株式会社制度の実態はどうであろうか。問題となってきたことは、最高の議決機関である株主総会は形骸化し、さらに取締役会の機能も有名無実化してきたことだ。つまり、本来的な取締役会は執行責任者としての最高経営責任者を選び、牽制する仕組みなのだが、その仕組みが正しく機能してこなかったのである。

つまり、本来的には取締役会は最高経営責任者（CEO）を選任し、CEO は企業経営の執行責任をもつことになる。この仕組みでは CEO である最高経営責任者は取締役会が選任

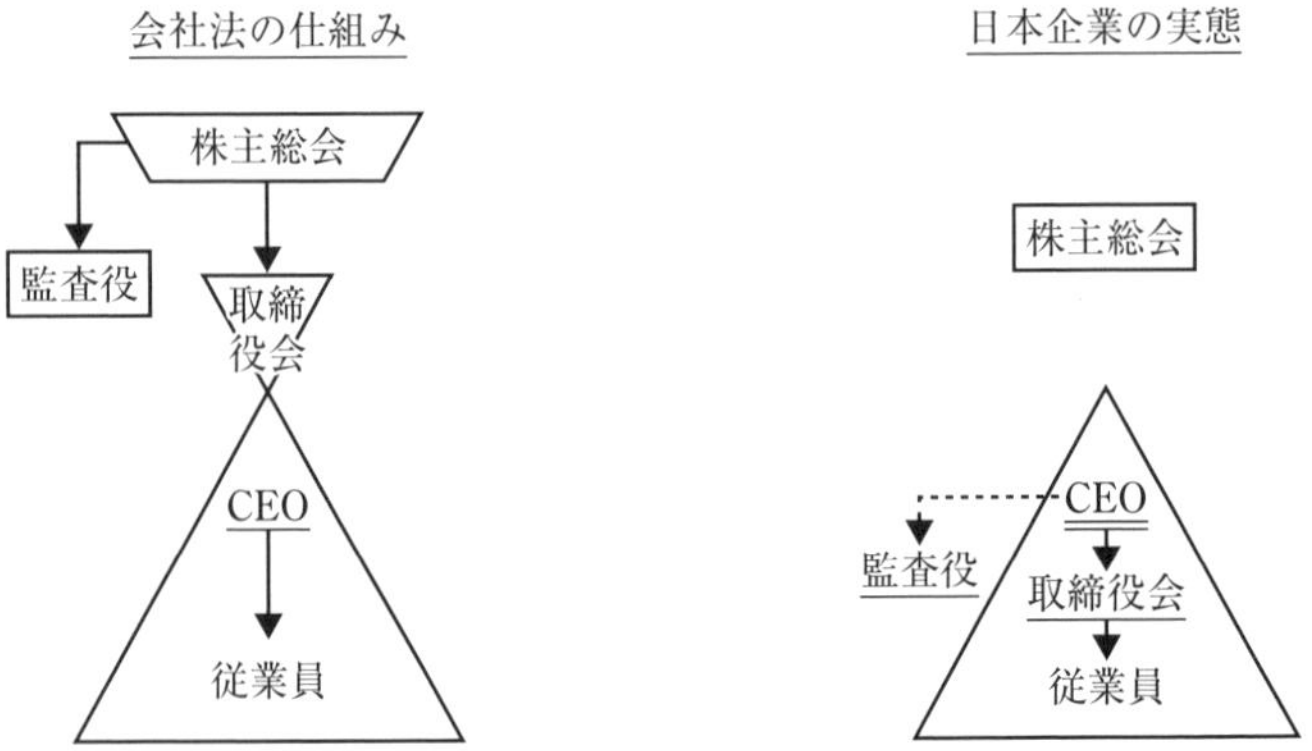

図 2-5　株式会社の制度と実際

するのであるから、最高責任をもつ最高経営責任者への牽制機能は取締役会である。最終的に取締役会メンバーは株主総会で選任されるから、株式所有者の最高の議決機関である株主総会は当然に取締役に対しての影響力をもつことになる。ところが我が国企業の実際はどうであろうか。図2–5でみるように株主総会は宙に浮いており、形骸化している。取締役と監査役の選任権限が、本来そこで監督・監査すべきことがCEOの権限に移り、取締役はCEOの下での業務執行に変容している。そして本来、取締役会が果たすはずの経営方針や経営戦略の意思決定は、法的にも特に規定されていない会議体（常務会や経営会議）などの少数のトップ経営者によって行われてきた。

そして、常務会や経営会議のメンバーを選任するのは代表取締役であるCEOである。すると社長への牽制機能を誰が担うのか。図2–5の右側と左側から分かるように、法律上の株式会社制度と実態との間には相当の乖離があった。最高経営責任者（CEO）である社長は誰からも牽制されることのない最高トップとして経営に君臨できる。つまり、最高経営責任者であるCEOは余程のことがない限り、誰からも監督・牽制を受けることなく自らの経営意思で強力にリーダーシップを発揮できる体制ではあった。ところが九〇年以降、業績が低迷し、その結果次々と発生する不祥事は、会社制度のあり方に欠陥があるのではないか、最高経営責任者の牽制体制はどうなっているのか、が厳しく問われることになった。

不祥事との関連性

それでは、ここで不祥事の要因をいくつかの視点から考えてみよう。

①過度な業績志向　まず要因の第一として行き過ぎた業績志向があげられる。これは特にバブル経済崩壊後に起きた業績低迷による厳しい企業間競争に起因するものである。売上げや利益を上げるための行き過ぎた業績主義が、結局的には極限の経営行動へと駆り立て、非倫理的な行為となって不祥事を生む。この行き過ぎた業績至上主義の経営行動は、企業形態、企業発展の歴史、あるいは業種・業界によっても異なるだろう。公企業より私企業のほうが、熾烈な競争を行い、業績を達成しなければならないプレッシャーがある。

九〇年代、日本経済のバブル崩壊は日本企業の一大転機となった。多くの業種はそれまで上昇傾向にあった売上・利益は落ち込み、大幅な業績修正を迫られた。経営者は責任を問われ、この難を逃れるべく様々な非倫理的行為を行った。例えば、粉飾決算、損失補填、インサイダー取引、総会屋対策、金融界と大蔵省（現・財務省）との癒着など、多くの不祥事が発生した。バブル崩壊によって大幅に低迷した業績回復のために、いってみれば経済的成果の達成のためには何ごとも厭わない経営姿勢が、結局は業績至上主義となって不祥事を起こす。企業間競争が激しくなる中で業績達成へのプレッシャーが強まり、会社ぐるみで、それを指揮した経営者を非倫理的行動へと駆り立てた。

②経営者への権限集中・独断専行　これは、取締役会メンバーとオフィサー（執行役員）との区別がなかったことにも要因がある。取締役会が内部取締役より構成され、それらの取締役が自ら業務執行者となる。つまり受託機能と全般管理機能が一体化している。ただ、我が国企業の最高意思決定機関の特徴として、代表取締役とそうでない取締役で構成されている。これは戦後の商法改正によって業務の執行と決定を分離するというアメリカの影響を受けて作られた制度である。ただ我が国の場合、会社の執行に関する一切の権限を握っているのは最高経営責任者である代表取締役（CEO）である。代表取締役は他の取締役によって監督統制されることはなかった。なぜならば、取締役会メンバーはその中にいくつかの序列——会長、社長、副社長、専務、常務——をもっており、ほとんどの場合取締役の選任は、代表取締役である会長、社長などの上位の取締役の推薦によって選ばれる場合が通例だからである。

したがって、実際上、上位の取締役の頂点ともいうべき代表取締役を監督するなどありえないことであり、会議などで反対意見を述べることは考えられない。取締役会は社長の独演会になることが多く、取締役会機能としての執行者の監督などはほとんどが形骸化してきた。しかも取締役会がほとんど内部取締役で構成されている中では、相互が監督し、監督されるという本来の株式会社の公正な仕組み、つまりチェック・アンド・バランスは働かないのである。

③監査役制度の機能不全　三つ目は監査役制度のあり方である。商法では株主総会が取締役会や監査役メンバーの選任、解任および監督責任・権限をもっている。監査(役)の責任には業務監査と会計監査の二つの役割が課せられており、それを忠実に遂行し監査報告書を作成しなければならない。監査(役)の役割・責任のあいまいさについては様々な専門的立場から指摘されてきたが、九〇年代以降の相次ぐ不祥事(会計帳簿の改竄など)以来その制度のあり方が問われ、監査役制度の改革が問題となった。つまり、監査を本当に行っているのか、監査役の責任とは何か、会社制度の仕組みをめぐって監査(役)のあり方が本質的に問われることになる。

④内部管理体制の欠如　四つ目は、不祥事を未然に防ぐ企業の内部管理体制の欠如である。これは図2-6(企業不祥事の発生要因に関する日本監査役協会によるアンケート調査の結果)では「企業不祥事の防止のための組織的体制がない、または機能していない」という項目の部分にあたる。内部管理体制の欠如とは、ビジネス倫理遵守の内部制度化がまだ完成していないということである。例えば、企業行動基準の制定である。当時、企業行動基準の制定を行っている日本企業は極めて少なかっ

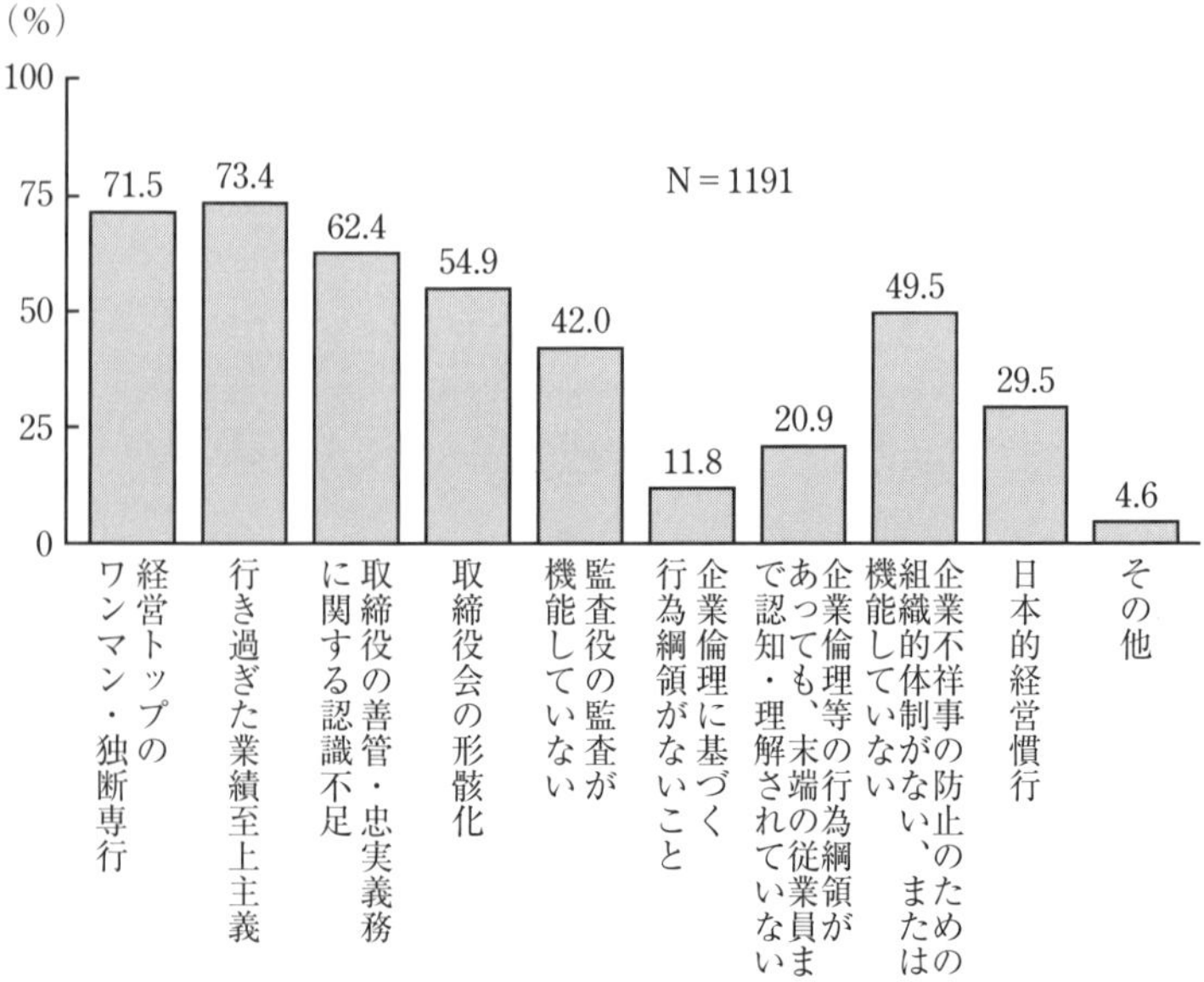

（出典：日本監査役協会 1997）

図2-6　企業不祥事の発生要因に関するアンケート調査の結果

た。つまり、このことは企業組織の中に倫理を遵守する内部制度がまだ不備の状況にあったということだ。

アメリカ企業ではこの他に、通常、制度化されているのは倫理担当責任者（Ethics Officer）や、企業倫理委員会（Corporate Ethical Committee）、倫理ホットライン（Ethics Hotline）、内部告発（Whistle Blowing）、倫理教育の各種セミナー、ワークショップの定期的開催などがあるが、これらのことは日本企業ではほとんどのところで行われていなかった。要は内部管理制度の中で企業不祥事を未然に防ぐための様々な安全装置（Safe Guard）が未整備だったのである。[*2]

コーポレート・ガバナンス改革

九〇年代以降の相次ぐ不祥事を機に、わが国のコーポレート・ガバナンスのあり方が本格的に問われ、学界・産業界・そして法曹界からの幅広い議論の中でいくつかの改革が行われてきた。ここではこの改革のいくつかをみてゆきたい。

①経営者牽制の法的措置　一つの側面は法制度の改正によって、会社の外側から経営者責任を明確化し、その牽制機能を強めることである。

一つ目は株主代表訴訟制度の簡素化であるが、それまで多額の訴訟手数料（賠償請求額の一定割合）を必要とするためにほとんど利用されることがなかった同制度を、訴訟手数料を少額にすることにより機能させやすくした。これは九三年六月の商法改正によって、訴訟手数料が一律八二〇〇円に引き下げられたことによる。これによって商法改正が行われた九三年では八四件であった株主代表訴訟が、九七年には二一九件にまで増え、二〇一〇年代の今日でも平均すると年二〇〇件以上にもなり、賠償金額も案件によっては多額になってきている。

二つ目は株主の帳簿内覧要件緩和であるが、会計帳簿の閲覧を要求するために必要な持ち株要件を引き下げることにより、経営内容に対する監視の目をより広範に少数派株主にまで広げたことだ。九三年の商法改正以前は持ち株比率が一〇％以上だったものを三％以上に引き下げた。都市銀行の事業会社への持ち株比率は平均して五％前後だといわれていたので、三％になったことにより会計帳簿の閲覧が可能になった。

三つ目は、監査役機能の強化である。監査役会の設置は、監査役が個人ベースで監査責任をもつ状況の制度を改め、複数の監査役による監査役会を組織し、機関（集団）として監査責任を負わせることである。九三年の商法改正では、監査役の任期を二年から三年に延長してその地位を強化するとともに、商法上の大会社（資本金五億円以上、または負債総額二〇〇億円以上）については監査役を二人以上から三人以上に増員し、監査役会を組織することを義務づけている。また、監査役の外部制強化では、監査役（ないし監査役会）の独立性を確保するために、監査役適任者の資格要件の厳格化や企業外の公的機関による監査を提案している。そして、大会社の監査役の三人以上のうち、少なくとも一人が社外監査役であることを求めた。

②社外取締役の登用　もう一つの側面は会社自身の内部改革である。これは我が国の取締役会制度の特徴となっていた社内取締役のみの構成に対して外部取締役を加えようとする動きである。

つまり、取締役会のあり方をアメリカ型に近づけることである。これによって、CEOへの牽制機能を強めることを考えている。また、取締役会の中に小委員会制度を設けることである。〇二年五月に成立した改正商法では、社外取締役を中心に執行と監督の機能を完全に分離するアメリカ型コーポレート・ガバナンス・システムを〇三年度から導入できるようにした。業務を執行する「執行役」と監督する「取締役」との役割を明確に分ける体制に道を開き、そうした企業は「委員会等設置会社」とされ、監査役は置かないが社外取締役が過半数を占める指名、監査、報酬の三つの委員会を設置することを義務づけた。各委員会は取締役三名以上で構成し過半数が社外取締役である。

七〇年代、八〇年代の我が国企業では考えられなかった社外取締役制度の導入も、今日では大企業においては一般化しつつある。そして、一五年三月には上場企業の経営規範を定めた企業統治指針（コーポレート・ガバナンス・コード）が制定され、六月一日からその適用を始めた。

日本経済新聞社が一五年六月に東京証券取引所が東証一部上場企業一八八五社を対象に調べたところ、社外取締役がいるのは一七三五社であり、全体の九二％であることを報じている。このうち、主要な取引関係のない独立取締役を選任したのは一五九六社で二人以上の独立取締役がおり、全体の四六％である。これは一五年六月のコーポレート・ガバナンス・コードの指針が、社外取締役の導入を強く促したものと思われる（図2-7、表2-1）。

③執行役員制の導入　さらに、社外取締役に代わって同じ機能を担うことを期待した、CEOへのアドバイス機能として諮問委員会（アドバイザー・コミッティー）制度を取り入れている会社もある（NEC、トヨタ、花王、日立製作所、オムロン、コマツ、東芝、松下電器産業、アサヒビール、伊藤忠商事など）。

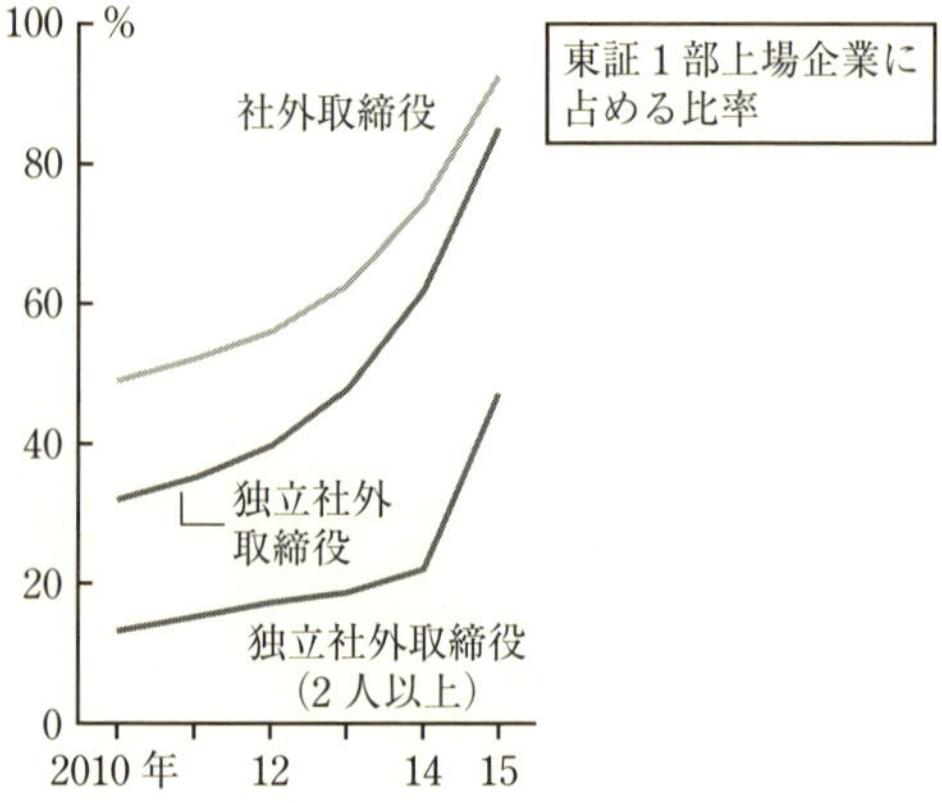

（注）東京証券取引所調べ

（出典：日本経済新聞 2015 年 6 月 18 日を基に作成）

図 2-7　２人以上の独立社外取締役を置く企業は５割弱ある

表 2-1　日本企業の社外取締役導入企業例

会　社　名	社外取締役数	取締役数
富士ゼロックス	5	12
キリンホールディングス	3	9
ソフトバンク	2	10
HOYA	6	7
ソニー	2	12
コマツ	3	10
キヤノン	2	17
三井物産	4	16
三菱商事	3	11
東レ	1	26
トヨタ	3	15
資生堂	2	7
富士通	5	11
東芝	4	16

（出典：2015 年 6 月　筆者調査）

また、近年、産業界の課題となっているのが「執行役員制度」の導入である。従来の取締役の人数を見直し、大幅削減したうえで、商法上の取締役（意思決定機能）と執行役員（業務執行機能）に分離して、両者の役割分担を明確にすることにある。九七年六月、ソニーが最初にこの制度を導入して以来注目され、近年では、上場企業の七〇％近くがこの制度を取り入れている。日本監査役協会の一二年の調査では上場企業の六七・三％が導入している（「役員等の構成の変化に関する第一三回インターネットアンケート調査集計」二〇一三年三月）。

この制度の下では、商法上の取締役は、小人数（一〇～一五人程度）が選任され、経営計画、経営戦略等の策定などについての意思決定のスピードアップが図られる。一方、執行役員は、取締役と取締役の間での決定に基づき、経営目標の達成を目指して業務、執行を担当する。これは正にアメリカのボード・オブ・ディレクターとオフィサーを区別してその機能を担わせる方法である。表2－2はコーポレート・ガバナンスの日米比較を示したものである。

コーポレート・ガバナンス・コードの制定

そして、これからのコーポレート・ガバナンスのあり方を問う「コーポレート・ガバナンス・コード」が一五年三月に指針として示された。これまでコーポレート・ガバナンスというと不祥事を起こさないためのいわばリスク回避の「守り」体制が先行していた。しかし、今回の指針には企業価値を

表 2-2　コーポレート・ガバナンスの日米比較

	アメリカ	日本
背景	1) 1970 年代→80 年代にかけてのアメリカ企業の国際競争力の低下→ベトナム戦争の後遺症・日本の製品（テレビ、自動車、汎用機械など）の大量流入他→アメリカ企業の業績低迷。 2) 株主と経営者との利害の衝突→会社は株主のもの、1 株当たりの利益重視、株主への利益還元→経営者としての存続が目標、業績を無視した過大な報酬への批判。 3) アメリカ大企業の株式保有の変化―「見えざる改革」（Unseen Revolution）の進展、1976 年、ドラッカーの指摘→個人投資家に代わって年金基金を中心とする機関投資家（institutional investor）の台頭（1990 年代後半、大企業の株の 60% 近く保有、1950 年代は 10% 程）→カルパースの影響力大（カリフォルニア州公務員退職年金基金、総資産額 1200 億ドル（1997 年時））。 4) エンロン、ワールドコム事件を契機にした企業改革法	1) 1990 年代初めの銀行・證券会社等による利益供与事件、1997 年の総会屋対策等の商法違反事件（証券会社、銀行、メーカー、百貨店等）→経営者の違法行為への批判→企業倫理問題への認識の高まり。 2) 1990 年代に入ってからの企業業績の低下→株価の低迷、含み資産の減少による株式持ち合いへの疑問→ROI 重視経営。 3) 日本の多国籍企業における外国人株主―特にアメリカの機関投資による株主からの要求増大（ソニー 45%、本田技研 25%、日立 33%、東芝、富士通、NEC 等 17-18%、その他の日本の有数の多国籍企業は外国人株主増加。） 4) 1993 年商法改正による株主代表訴訟の簡素化、監査役機能の強化など法的措置による株主主権の強化。 5) 日本コーポレート・ガバナンスフォーラムやアメリカカルパースによる提言、改善要求が強い。
取締役会制度の現況	1) 取締役会の構成→社外取締役が圧倒的に多い（平均 13 人、社外取締役が過半数を占める会社の割合 83%）2011 年、コーン・フェリーの調査。 2) 取締役会に付随した小委員会（sub committee）制度、経営委員会、財務委員会、報酬委員会、選任委員会、監査委員会他（報酬、選任は社外取締役が大多数、監査委員会は社外取締役のみで構成）。 3) Officer（執行役員）制度→取締役会が任命した業務執行役員、そのチーフ、実質的な業務上の最高経営責任者が CEO（Chief executive officer）。 4) 取締役会と執行役員から成る→二重ボード制（dual structure）。しかし、取締役会会長と CEO は同一人である場合が多い。	1) 取締役会の構成→社内取締役が圧倒的に多く、社外取締役は極端に少ない（1988 年時点で一部上場企業で社外取締役をゼロと答えた企業が全体の 46.3%、2000 年代に入って社外取締役を積極的に登用） 2) 取締役会の中に委員会制度導入、選任、報酬委員会など。 3) 商法に規定された会社制度の改革、仕組みと実態の乖離を是正、取締役と執行役員との分離、社外監査役制度の導入、委員会制度の設置などの改革。 4) 2015 年 6 月、東京証券取引所による企業統治指針（コーポレートガバナンス・コード）の適用による「攻め」のコーポレートガバナンス改革。

高めていくことを促す「攻め」のコーポレート・ガバナンス改革というねらいがある。背景にはバブル崩壊後、長い間低迷してきた日本経済の再生を図るために経営体制をもう一度見直そうという意図がある。このコードに先立つ一四年二月には「スチュワードシップ・コード」という機関投資家向けの基本的な行動理念を発表した。これは投資家と企業との建設的な対話を通じて企業価値を向上させようとするものだ。日本企業は長年、社内の生え抜きの人材だけで構成し経営陣もその域を出ていなかった。社内の論理を優先するあまり思い切った事業の選択と集中に踏み切れず経営の低迷を招いてきた。資本効率を求める投資家と対話することにより第三者の視点を取り入れた経営体制を整え日本企業の競争力を取り戻すことを考えている。東証が第一部、二部の約二四〇〇社の上場企業にこのコードの適用を一五年六月から始めた。

＊2　企業不祥事とガバナンスとの関係についての近年の研究では、青木英孝（中央大学）、山野井順一（早稲田大学）による「企業のガバナンス構造は企業不祥事を抑止するか？——定量的アプローチ」2015年6月20日、組織学会での報告がある。ここでは膨大なデータ分析により次のような結論を出している。①企業パフォーマンスの低下は、企業不祥事の原因となる。②社外取締役は一部の企業不祥事を抑制するものの、内部情報に対するアクセスが困難であると思われる隠蔽や偽装など、企業側が意図的に行うようなタイプの企業不祥事を抑制できない。③事故は文字通り事故であり、取締役会の改革を進めても不祥事の抑制効果には限界がある。④経営者持ち株比率が高いほど意図的不祥事である隠蔽、偽装の発生の可能性が高くなる。

第3章

社会環境の変化とビジネス倫理

1　企業と環境との関係

企業と環境との相互関係

人間の歴史が始まって以来、人間は自然に働きかけ、自然のものを採取、加工、生産し有益なものを作って今日の文明へと進化発展を遂げてきた。

まず、環境としての自然は人類の歴史が始まる以前からあった。環境としての自然は人間にとって生きるための絶対条件である。人間は自然環境に働きをかけ、それとのかかわり合いをもつことで今日の文明を築いてきた。人間の生活や企業の存立は基本的には自然環境との関わりの中で進化・発展してきた。

企業は環境に働きかけて新しい経営環境をつくってゆくが、他方では環境からの影響を受けて進化・発展する相互補完関係の中にある。つまり、企業は環境に働きかけて能動的に新しい環境を創ってゆくとともに、他方では受動的に環境から影響を受けて企業自身も変化する。これを、企業進化とも呼ぶ。この意味で企業と環境との関係は相互補完関係の中で考えなければならない。企業と環境を考えるとき、まず環境をどのように理解するかである。

いちがいに環境といっても、自然環境から始まって地球環境、社会環境、政治環境、経済環境、さらには国際環境、国内環境というようにこれらを個別化して広義に環境を考えると、多様な対境関係の中で企業は存立している。一般的に企業と環境との問題を考える枠組みは、企業に対して直接的、間接的に影響を及ぼすものとに分けて考えなければならない。

まず、直接的環境は企業に対して直接的な関わり合いあいをもつ、いわば利害関係者である。企業と環境との関係は相互に利益にもなり害にもなる関係である。これには株主、従業員、地域社会、消費者、組合、供給者らとの関係がある。さらに直接的な関わり合いではないが、経済、政治、技術、社会環境などが企業の存立と深い関係にある。

また、企業と環境との問題を経営戦略の視点から考えると、環境の変化は企業の発展にとって機会でもあり脅威でもある。環境の変化を機会ととらえれば企業にとってプラス要因であり、他方ではマイナス要因となる（図3－1）。

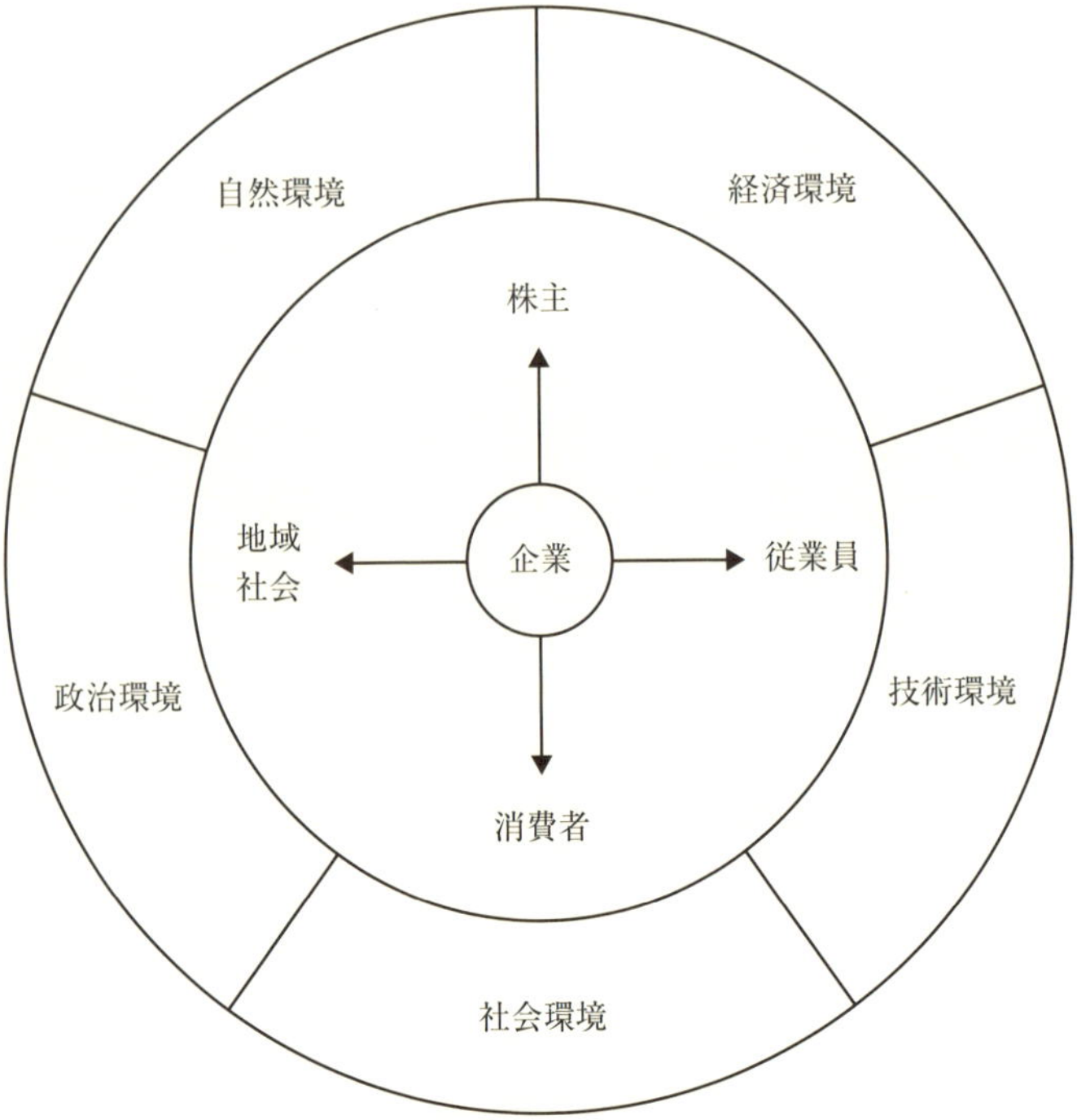

図3–1　企業を取り巻く様々な環境

ところで今日、企業と環境との関係をとらえた場合、急速な経済発展とグローバル化の中で様々な社会問題が指摘されている。

企業環境の変化——企業人格の変化

まず今日、企業を取り巻く経営環境が大きく変わり、社会規範が変化していることを認識する必要がある。企業が社会の中心となり、その遠心的拡大の文脈の中でとらえられてきた時代の企業人格は今の企業人格とは違う。今日、企業活動の目指すところは社会との共生であり、社会の中での企業のあり方が問われている。

図3－2はビジネス倫理を考える「二〇世紀の企業人格」と「二一世紀の企業人格」を対比させたものである。この図からも分かるように二〇世紀の企業人格は企業を核にした社会全体への遠心的拡大である。ここでの社会規範は企業を核にした遠心的拡大の中で、その影響に社会の基本的価値を形成してきた。二〇世紀は工業化文明が発展し、その影響によって多くの国は経済発展を遂げてきた。工業化社会の担い手となった企業活動は社会的価値を形成する主要な要因となった。企業活動が優先し、それに追随する形で法律の制定や社会規範がつくられていった。つまり、企業活動が社会規範の基本をつくってきた。

しかし、二一世紀の企業人格はどうであろうか。ここでは企業を取り囲む環境要因としての社会規範、倫理、法律などの外部規範の変化によって、新しい規範が作られてきている。しかしここで間違ってならないことは、企業の経営活動が弱くなったということではなく、その質的性格が変わってきているということである。つまり、社会の常識、倫理、法律が進化し、企業に対しての見方が変化し、厳しくなっているということである。

ここでいえることは、今日の企業は常識、倫理、法律は何かということを考えたうえで経営活動を行わなければならないということである。今日のCSR活動は企業活動の一部ではなく企業全体、つまり企業の本業に据えて今日の社会の変化に問いかけてゆくことである。今日の経営とは、今、企

20世紀の企業人格の位置　　　　21世紀の企業人格の位置

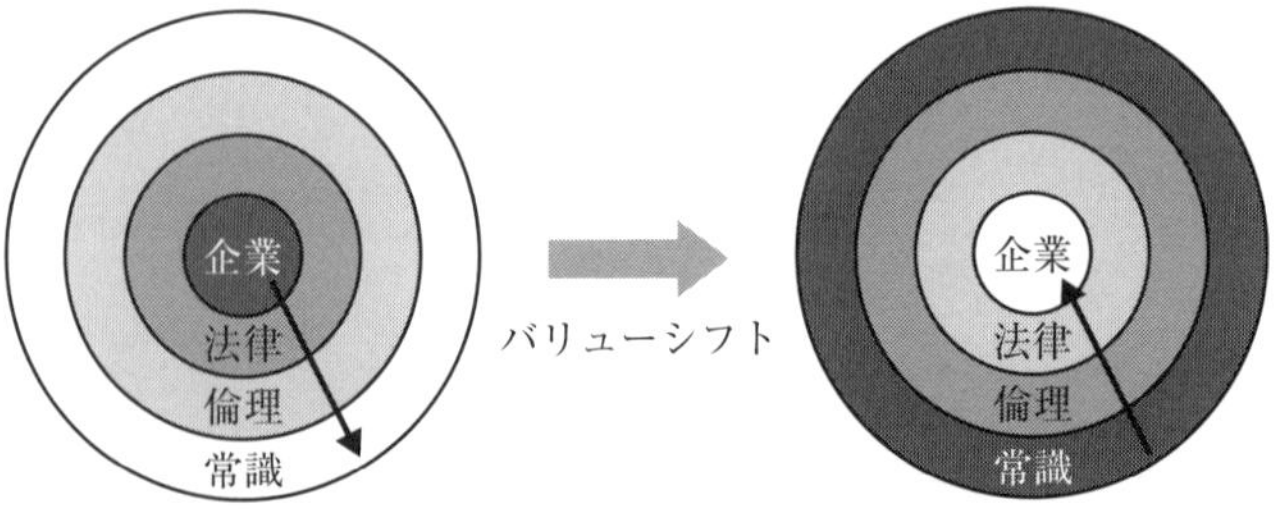

（企業を核にした遠心的拡大の社会規模）　　（社会規範の変化による企業のあり方）

社会規範
- 法律
- ‖
- 倫理（ビジネス倫理）　➡ 進化
- ‖
- 常識（慣例・慣習）

└→これらの関係は基本的にイコール

		20世紀の企業人格	21世紀の企業人格
社会規範	法律	企業に対する法規制比較的ゆるやか	企業に対する法規制の強化 グローバル経営行動規範の強化
	（企業）倫理	企業活動の部分的認識	企業活動の全体的認識
	常識	ステークホルダーの影響小 ―企業が核―	ステークホルダーの影響大 ―市場の進化―
企業経営の基本	基本思想	経済活動・企業の プライオリティー優先	社会・環境との共生と創造
	社会責任	企業活動の一部	企業活動の全体戦略
	経営認識	企業を核にした遠心的拡大	社会規範の変化による経営発想
	企業目標	経済的目標の達成 （資本の論理の優先）	経済的目標＋社会的目標 （資本の論理＋資本の倫理）
	企業価値	見える資産 （設備・建物…）	見えざる資産 （ブランド・企業文化・社徳・社風…）
	企業成長	成長・拡大路線	成熟・競争の激化

図3-2　20世紀と21世紀の企業人格の対比

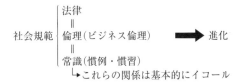

業の常識は何かという全体認識のうえで企業活動を考える必要がある。つまり企業活動のあり方を全体最適に適合させるために、まず企業がその部分最適となり得るかどうかという演繹的発想が必要なのである。

この意味からすれば今日の企業はその変革の潮流にあることは確かだ。ハーバード・ビジネススクールのビジネス倫理担当教授リン・シャープ・ペイン（Lynn Sharp Paine）は、著書『バリューシフト――企業倫理の新時代（*Value Shift*, 2003）』（鈴木主税・塩原通緒訳、毎日新聞社、二〇〇四）の第四章「企業人格の変遷（The Corporation's Evolving Personality）」で、「企業人格の再定義が必要なのに、ほとんどの経営者が気づかずにいる」と指摘し、「会社は品物を生産して利益を生むといった原理的な機能だけでなく、責任や目的や価値観の貢献など、道徳的な特質を合わせ持つ」（一六二ページ）と今日の社会環境の変化を指摘する。

筆者は、この社会規範の変化を企業人格の変化としてとらえたが、ペインはその変化を「企業が率先して始めた活動の一例」として同書の一番最初の部分で図表化している（図3-3）。

企業が率先して始めた活動の一例			
包括的な活動	（あらゆる活動と部門に適用）	●社内向け	倫理プログラムの実施 順守プログラムの実施 ミッションとバリューの設定 企業原則の設定 企業習慣の設定 文化の構築 異文化間管理の促進 危機管理
		●社外向け	企業ブランド管理計画の実施 企業アイデンティティの設定 企業ブランドの構築 利害関係者との対話促進 社会協力活動 非営利活動報告
個別の活動	（特定の問題や関係者に適用）	●従業員向け	多様性の促進 セクシャルハラスメントの防止 従業員の健康と安全の促進 仕事と家庭の両立を促進 職場環境の向上
		●顧客向け	製品とサービスの品質向上 顧客サービスの向上 製品の安全性の向上 コーズ･リレーテッド･マーケティング
		●サプライヤー向け	サプライヤー管理の促進
		●投資家向け	コーポレートガバナンスの促進
		●社会向け	環境への配慮 企業の社会的責任の遂行 地域社会への参画 戦略的慈善活動
		●個別の問題向け	電子プライバシー 人権 腐敗防止 バイオテクノロジーをめぐる諸問題

図 3-3　バリューの変化（L.S. ペインによる）

2　ビジネス倫理からみた企業目線の変化

消費者の厳しい目

第一は消費者との関係である。一九六〇年代から七〇年代にかけて日本経済が高度成長期の頃、企業の経営行動は生産者の論理が優先していた。つまり、物資があまりなく作れば売れる時代であった。製造業の強化は日本の産業政策の要であり、輸出競争力の強化からいっても生産者の論理が優先していた。つまり、あまり物資がなく作れば売れる時代では生産する側の論理が経済活動を支配していた。この時、企業が利害関係者の中で最も重視したのは従業員との関係、とりわけ組合との一致協力の関係でいかに生産効率を上げるかに主眼が置かれていた。いってみれば組合対策が経営の最重要課題であり、経営者の手腕は組合との対応が中心だった。

その後、経済活動のさらなる進歩とともに八〇年代になると競争は益々激しく生産は過剰の様相を呈し、成熟化社会を迎える。ここでは生産したものをいかに売るかという消費者の視点が優先し、消費者ニーズへの対応が経営の中心課題になってくる。つまり、経営の中心課題はいかに消費者の視点に立った事業展開するかである。生産者の論理から消費者の論理への視点の展開は、消費者は競合する商品の中から選ぶ選択肢が増えることになる。選択肢の広がりは消費者の商品知識を高め、企業への厳しい目を注ぐようになる。

もし欠陥商品のようなものがあれば黙ってはいない。今日の消費者は知識が豊富で賢く、何をどのように対処すべきかを知っている。もし、これに対する適切な対応を怠ると当事者はもちろんのこと消費者団体等からの厳しい社会的批判を受ける。経済同友会の「第15回企業白書」では、この利害関係者との関係を「市場の進化」ととらえ、現代の経営がいかに多くの利害関係者のなかで経営し、それらとの良好な関係を築かなければならないかを提言している（「「市場の進化」と社会的責任経営――企業の信頼構築と持続的な価値創造に向けて」二〇〇三年一月、経済同友会）。

ステークホルダーの変化

第二は消費者もその一つであるが、より広い利害関係者であるステークホルダーの変化である。利害関係者には株主、組合、社員、自治体、地域社会等の企業の活動と直接的な関係をもつ集団である。これらの集団は企業との直接的な関係によって利益にもなるし、害にもなる。これらの集団も企業活動の進展と共に質的に変化している。いわば、市場の進化である。とりわけ、我が国で大きな変化といえるのは株主からの厳しい目であろう。これまで、会社は誰のものかということに対し、我が国の場合はその多くは、我々の会社、働く従業員のためと考えた。しかし、日本企業のグローバル化の進展とともに株主構成に占める海外からの機関投資家や外国人株主も多くなり、会社は株主のためという考え方に変わってきつつある。また、バブル崩壊後の業績低迷に苦しむ中で、これまでの会社間での〝株式の持ち合い〟による緩やかな経営姿勢に対し、相互に経営が厳しくなるにつれて、今や〝株式の持ち合い〟の経営が発展的に解消されつつある。厳しい株主からの要求によって、不採算事業からの撤退やリストラによる事業の再構築にせまられている。我が国のこれまでの経営は働く従業員の雇用を保障し、それに報いることだった。しかし、他方では企業活動を実質的に支えているのは株主であり、その要求にこたえなければならない。近年のコーポレート・ガバナンス改革の基本はここにある。

しかし会社の目標は収益性を高め、株主に報いることが唯一なのだろうか。今や社会規範の変化によって、会社は収益目標はもちろんのこと、ステークホルダーに対しても責任をもつことが求められている。近年ではこれを指標化している代表的なものとして日本経済新聞が開発したナイセス（NICES：Nikkei Investor Consumer & business partner Employee Society）がある。これは①投資家指標：時価総額の増減、配当など七指標、②消費者、取引先指標（売上高、認知度などの五指標、③従業員指標：ワークライフバランス、女性活用など五指標、④社会指標：雇用、社会貢献などの五指標、⑤潜在力：設備投資、人材育成などに記者の評価加算、の五つの側面から点数化して総合ランキング化したものである。ちなみに一五年一一月発表の総合ランキングでは、一番から一〇番まででは、セブン＆アイ・ホールディングス、味の素、村田製作所、東レ、ファーストリテイリング、

NTTドコモ、KDDI、花王、TOTO、三菱商事であった。

見えない資産の価値

第三は今まで企業の価値といえば、見える資産で計られる経済的尺度――売上高、収益性、資本比率や株主にとっての資産価値、企業の売買価値などによって評価されてきた。そのためには企業は一丸となってその目的のために邁進してきた。しかし今、経済的成果の達成のためには何事も厭わない経営姿勢が問われてきている。経済的な価値を最大目標として一直線に突き進む、日本企業の経営行動は、国内においては、長時間労働、会社中心主義、生産者の優先、企業の横並び過当競争、海外からは不透明な市場取引、閉鎖的な系列取引、集中的過剰投資等が指摘された。

これを社会心理学者のマズロー（A.H. Maslow, 1908-70）の「欲求の5段階説」から説明すると、人間の欲求は先ず生存と安全のベーシックニーズ（基本的な欲求）が満たされると、社会的な承認や尊厳、さらには自己実現という高次の欲求にシフトされてゆくという。つまり、人間はベーシックニーズがみたされると次はヒューマンニーズ（人間的価値）を追求してくるというのである。

我が国の近年までの経営行動はマズローのいうベーシックニーズを第一の目標に活動してきた。しかし、欧米と肩を並べることができるまでになった我が国の経済水準は効率や経済性を唯一の尺度としてきた時代は過ぎ去り、ヒューマンな側面としての企業文化や、企業の社会責任、ビジネス営倫理、そして企業を取り囲むステークホルダーとの関係、組織における従業員の満足度が問われることになった。

ビジネス倫理は企業文化と同じように人々に共有された価値である。それは見えない資産である〝のれん〟や〝ブランド〟と同じであり、今日の経営戦略の核となる重要な要素である。企業の経営資産には見える資産である有形資産（ヒト、モノ、カネ）と見えない資産としての無形資産がある。

無形資産には、情報、経営ノウハウ、技術はもちろんのこと、企業文化やブランドもこの中に含まれよう。無形資産であるブランドは、一丁一石に出来上がるものではなく、長い年月の中でその企業特有の文化やイメージとなって組織に醸成されてゆく。

ビジネス法規制の強化

第四は企業と直接的な利害関係をもつステークホルダーといわれる株主、消費者、従業員、組合、地域社会はもちろんのこと、間接的な関係集団といわれる国家、政府、地方自治体による様々な法規制の強化である。つまり、企業に対して様々な法律による規制や、手続きが複雑になってきている。このような法規制のもとで、不法行為による社会的批判は、結果的に事業機会を失い、多額の制裁によって経済的損失を生じかねない。

近年の我が国における企業不祥事である贈収賄、粉飾決算、談合、総会屋対策、独禁法違反等はすべて法律に違反したことによって糾弾されている。また、消費者保護の立場から施行されたPL法や職場での男女雇用機会均等法による性差別、あるいは環境問題に対する様々な形での条例の制定などの法規制が次々に制定されている。また、企業活動のグローバル化によって進出先での法律上の違いによって訴訟を起こされたり、多額の罰金が課せられたりする事件が多くなっている。また、特許などに絡む知的財産権の問題をめぐって裁判となっている事件も多くなっている。法律の遵守はコンプライアンスの強化でもあり、それは経営活動するためには最低限守らなければならないことであり、今日各社が強化しているコンプライアンス体制の整備につながる。不法行為が要因となってビジネス倫理が問われ、それが引き金となって社内外から多大な社会的批判を受け、それがダメージとなって対外的な信用力を失うことになる。

このような経済活動の進化による様々な形の法律の制定は、コンプライアンス体制の強化はもちろん、専門的立場からの助言や関係機関とのタイアップを要請してきている。日本の法曹人口はアメリカなどと比べると極端に少ないといわれ、これに対応した法律家の要請が法科大学院をつくった。これは要するに、社会の進化によってこれまでとは違うビジネス法体制の整備につながってきている。

マスメディアの目

第五は情報化社会の急速な発展の一方で、その反撃ともいうべき恐ろしさをもつ。いわゆるＩＴ

革命によって世界から情報を瞬時に得ることもできるし、それを発信することもできるが、不祥事を起こしたらどうであろうか。

企業不祥事は企業で起こした一つの「点」の出来事であるが、それが今度は「面」となって世界中に伝わる。情報化社会を象徴するものはインターネットだけではない。テレビ、新聞、ラジオ、その他の広報媒体などが含まれる。ひとたび不祥事を起こすとこれらの情報媒体が連日のように押し寄せそれを題材的に報道する。この意味ではマスメディアは社会規範とのズレをただす一定の牽制機能をもっている。もし、企業が不祥事を起こし連日のようにマスメディアでとり上げられたらどうするだろう。企業のブランド力があるほどその反動としてマスメディアから大きく批判されるのである。物であればそれを修理するなり取り換えるなりしてその場で解決できるだろう。しかし、社会全体に広がり我々の脳裡に残るブランドへのダメージは直ぐには消えない。マスメディアによって糾弾された企業はステークホルダーからの信用を失い、その修復には相当のコストと時間がかかる。また、今日はNPOやNGO、そして様々な非営利組織が活動しており、マスメディアによって広まった反撃にさらなる拍車をかけることになる。多発する不祥事の発生によって、それに的確に対応する組織として設けられたのが広報部門だ。

3　グローバル企業行動基準とのリンケージ

グローバル行動基準の意義と内容

ここでは、経営活動のグローバル化によるグローバル行動規範とのリンケージについて考えよう。これは日本企業や欧米の多国籍企業による国境を越えた経営活動の拡大、そして旧ソ連、東ヨーロッパ諸国の社会主義体制の崩壊、中国の社会主義市場経済への移行によって進む市場経済化への危機感から起因するものである。このまま地球規模での市場経済化が進むと地球環境はどうなるのだろうか。ビジネス倫理の課題は、他方においては地球環境をどう守るかという危機意識が根底にある。経営活動による環境破壊は倫理的に考えれば企業の社会的使命と根本的に矛盾する。我々の社会をより豊かにするための経営活動が、それによって環境破壊を引き起こせば我々の健全な社会生活に背くことになる。グローバル規模での市場経済化はこのまま放置するわけにはいかない。これは一国一国で規制し解決できるものではなく、グローバルなリンケージの下でその枠組みを作ってゆかなければならない。このグローバル行動基準のリンケージは今、国連、ＯＥＣＤ、コー円卓会議、ＧＲＩ、ＷＢＣＳＢ、ＩＳＯ２６０００などの形で布告されている。以下にその主なものを解説してみよう。

●国連のグローバル・コンパクト（二〇〇〇年）――当時のアナン国連事務総長が全世界の政界や財界指導者に呼びかけ、人権、労働、環境、そして〇四年に腐敗防止の分野が追加された十原則。一三年一二月時点で一万二〇〇〇を超える団体（企業八〇〇〇社）が署名、一位スペイン：一六九八、二位フランス：987、日本は二二〇団体（企業二一〇社のうち上場企業一一〇社）。

人　権：原則1　人権擁護の支持と尊重
　　　原則2　人権侵害への非加担
労　働：原則3　結社の自由と団体交渉権の承認
　　　原則4　強制労働の排除
　　　原則5　児童労働の実効的な廃止
　　　原則6　雇用と職業の差別撤廃
環　境：原則7　環境問題の予防的アプローチ
　　　原則8　環境に対する責任のイニシアティブ
　　　原則9　環境にやさしい技術の開発と普及
腐敗防止：原則10　強要や賄賂を含むあらゆる形態の腐敗防止の取組み

●GRI（Global Reporting Initiative）――これは、一九九七年アメリカの非営利組織であるセリーズ（CERES：Coalition for Environmentally Responsible Economies）と、国連環境計画との合同事業

として発足した。二〇〇〇年には「経済的、環境的、社会的パフォーマンスに関する持続可能性報告ガイドライン」（Sustainability Reporting Guidelines on Economic, Environmental, and Social Performance）を発行し、その後いく度か改定し一三年に最新のものが布告されている。GRIの報告書に盛り込まれるべき指標は、経済、環境、社会の三つの側面である。その内訳は次のようになる。

1．経済的パフォーマンス指標：直接的な影響（顧客、納入業者、従業員、投資家、公共部門／間接的な影響）

2．環境パフォーマンス指標：原材料、エネルギー、水、生物多様性、放出物、排出物及び廃棄物、供給業者、製品とサービス、法の順守、輸送、その他全般

3．社会的パフォーマンス指票：

①労働慣行と公正な労働条件（雇用、労働、労使関係、安全衛生、教育研修、多様性と機会）

②人権（方針とマネジメント、差別対策、組合結成と団体交渉の自由、児童労働、強制、義務労働、懲罰慣行、保全慣行、先住民の権利）

③社会（地域社会、贈収賄と汚職、政治献金、競争と価格決定、製品責任、顧客の安全性、製品とサービス、広告、プライバシーの尊重）

●OECDの「多国籍企業行動指針」（一九九六年、二〇一一年改訂）――人権、環境、雇用及び労

働関係、収賄の禁止、消費者利益、情報開示、科学技術、競争、納税など。
●コー円卓会議「企業行動指針」（一九九四年）――原則は、企業の責任、企業の経済的・社会的影響、企業の行動、ルールの尊重、貿易自由化の推進、環境への配慮、不正行為の防止。各原則のステークホルダーは、基本的原則、顧客、従業員、株主・投資家、取引先、競合他社、地域社会である。
●WBCSB（持続可能な発展のための世界経済人会議、二〇〇〇年）――企業の社会的責任の概念と実施に関する包括的声明。
●ISO26000（組織の社会的責任に関するガイドライン、二〇一〇年）――社会的責任に関する規範としては一つの集大成となっている。その項目には人権、労働慣行、環境、公正な事業慣行、消費者課題、コミュニティー参画、開発そして説明責任、透明性、倫理的行動、ステークホルダーの尊重、法の支配の尊重、国際行動基準の尊重が含まれる。
●国連責任投資原則（PRI）――国連による社会責任投資（SR）のイニシアティブ、環境（E）、社会（S）、企業統治（G）を考慮した投資を進めるための枠組、レポート提出義務がある。

国際的に事業展開するグローバル企業はこれらの行動規範を遵守しなければならない。もしこれらの規範を遵守しなければ、世界の国々から国際的批判を受け市場から追放されることになりかねな

表 3-1　主要国における国際的企業行動基準の参画状況

	GRI	UNGC	ISO26000	OECD ガイドライン
日本	14.3%	72.2%	71.4%	26.7%
米国	49.3%	27.7%	7.7%	5.8%
英国	67.5%	37.6%	11.8%	8.5%
ドイツ	70.6%	35.4%	9.9%	16.2%
オランダ	87.9%	35.2%	14.3%	20.7%
中国	15.4%	10.3%	23.9%	0.0%
韓国	61.8%	42.2%	69.7%	27.5%
全世界平均	61.8%	36.4%	13.3%	11.0%

（出典：「グローバル企業が直面する企業の社会的責任の課題（調査報告概要）」、経済産業省 2014 年 5 月／2012 年 GRI データベース〈GRI Sustainability Disclosure Database〉）

い。

上記に上げた国際的な企業行動基準について、主要各国はどのような開示状況にあるかについて一二年のＧＲＩのデータベースでみると表３－１のようになる。これでみると、日本はＵＮＧＣ（国連グローバル・コンパクト）、ＩＳＯ２６０００が多いのに対し、アメリカ、英国、ドイツ、オランダ、韓国はＧＲＩが多い。

日本企業の取組み

これに対して、日本経営倫理学会と姉妹関係にある経営倫理実践研究センターが会員企業に行った調査（一一年二月から五月にかけて）では、グローバル・コンパクト、ＯＥＣＤの多国籍ガイドライン、ＧＲＩ、ＩＳＯ２６０００の状況の調査は図３－４の通りである。これをみると調査

2010年11月に発行されたISO26000の制定を参考に今後の新たな対策の検討の有無について

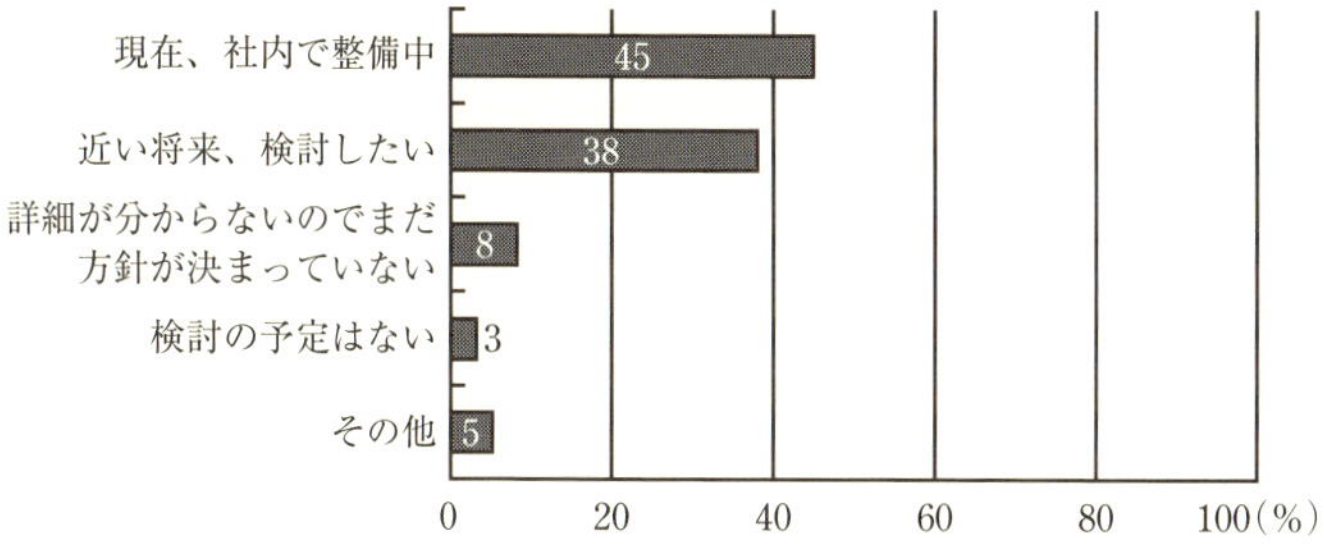

グローバルな事業活動をめぐり，国連のグローバル・コンパクトに代表される国際行動指針に照らして自社の行動基準を見直す動きについて

(1) グローバル・コンパクトへの参加の有無

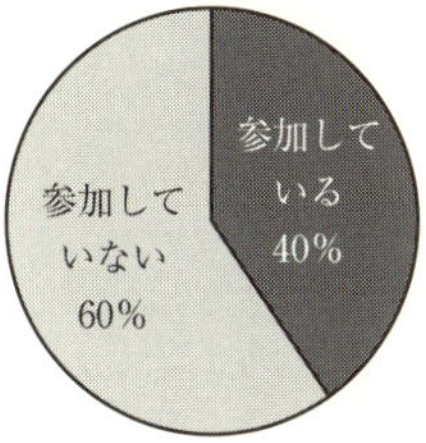

(2) 国連のグローバル・コンパクトのほかに国際行動基準を参考にしている指針は何ですか

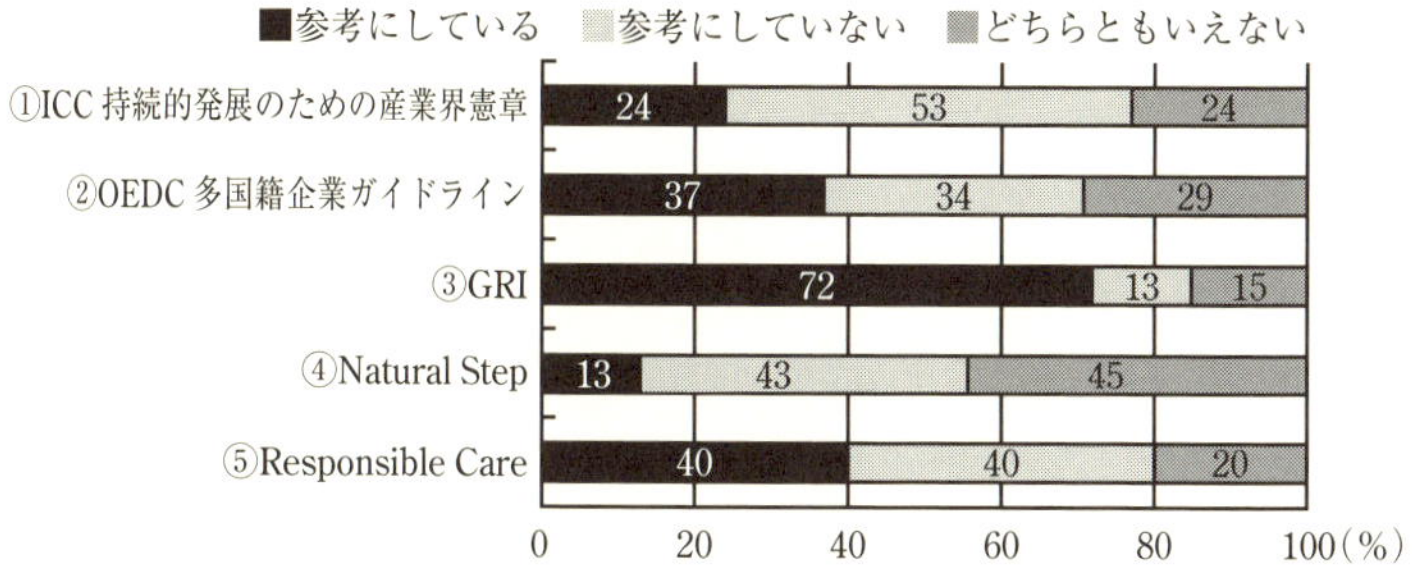

図3-4　経営倫理実践研究センターが会員企業に行った調査データ結果

対象は日本の国際的代表企業のためか、グローバルコンパクトへは六〇％が参加し、ＧＲＩは七二％が参考にしている。ＩＳＯ２６０００はこの時点ではまだ制定されて間もないため、社内で検討中、将来検討の課題の状況である。

4　ダイバーシティーマネジメントとビジネス倫理

ダイバーシティーの意味

経営戦略でダイバーシティー（Diversity あるいは Diversification）というと、新しい事業分野に参入する「多角化」を意味する。しかし近年、女性の積極的登用や外国籍の人材を積極的に登用して企業の競争力を高めようとすることを指すようになった。人材の多角的登用と考えると、確かにダイバーシティーの語源に当てはまる。ダイバーシティーの考え方のルーツといえばアメリカである。アメリカは元々、移民によって成り立つ〝人種のるつぼ〟といわれ、ダイバーシティーである多様な民族をいかにマネジメントし、組織目標を達成するかがアメリカのビジネスの基本となってきた。

この意味からすると、ダイバーシティーの考え方は、アメリカのビジネス社会では新しいことではなく当たり前のことだ。ダイバーシティーを本格的に考える契機となったのは一九六〇年代から七〇年代にかけての「公民権法」や「雇用機会均等法」の制定であったとされる。これは人種差別の撤廃や女性の採用、登用を進める法案であり、これを契機に企業は法律の順守や訴訟回避のためにダイバーシティーを考えるようになり、八〇年代になるとその積極的推進がアメリカ企業の中で行われてゆく。そして、その推進に拍車をかける契機となったのが八九年の「ベルリンの壁崩壊」による市場経済化に伴う経済活動のグローバル化である。

グローバルな市場の拡大においては、多様なニーズに対応できる人材の登用が求められてくる。そのためには人材のダイバーシティーを進め、それを経営戦略に生かす必要が出てきた。この流れの中で、九〇年代後半の頃から、ダイバーシティーを推進している企業が事業の成功に結び付いているケースが多数みられるようになり、この頃からアメリカでも女性の管理職の比率が飛躍的に伸び始めた。

そして今日では多様な人材を登用し、それを経営戦略に生かすことが企業の競争優位になることが明らかになりつつある。実際、アメリカはどんな職場に行ってもダイバーシティーは当たり前であり、そのことがアメリカ企業のダイナミックな競争力になっている。そして近年では政府の主要ポストは元より、大企業であるGM、ゼロックス、HPなどの代表的企業においても、最高経営責任者CEOが女性となっている。これは日本企業との比較で考えると、現状では各段の差があるように思える。

ちなみに、アメリカでは経営、管理職に占める女性の割合は四〇%以上で、OECD諸国の中で

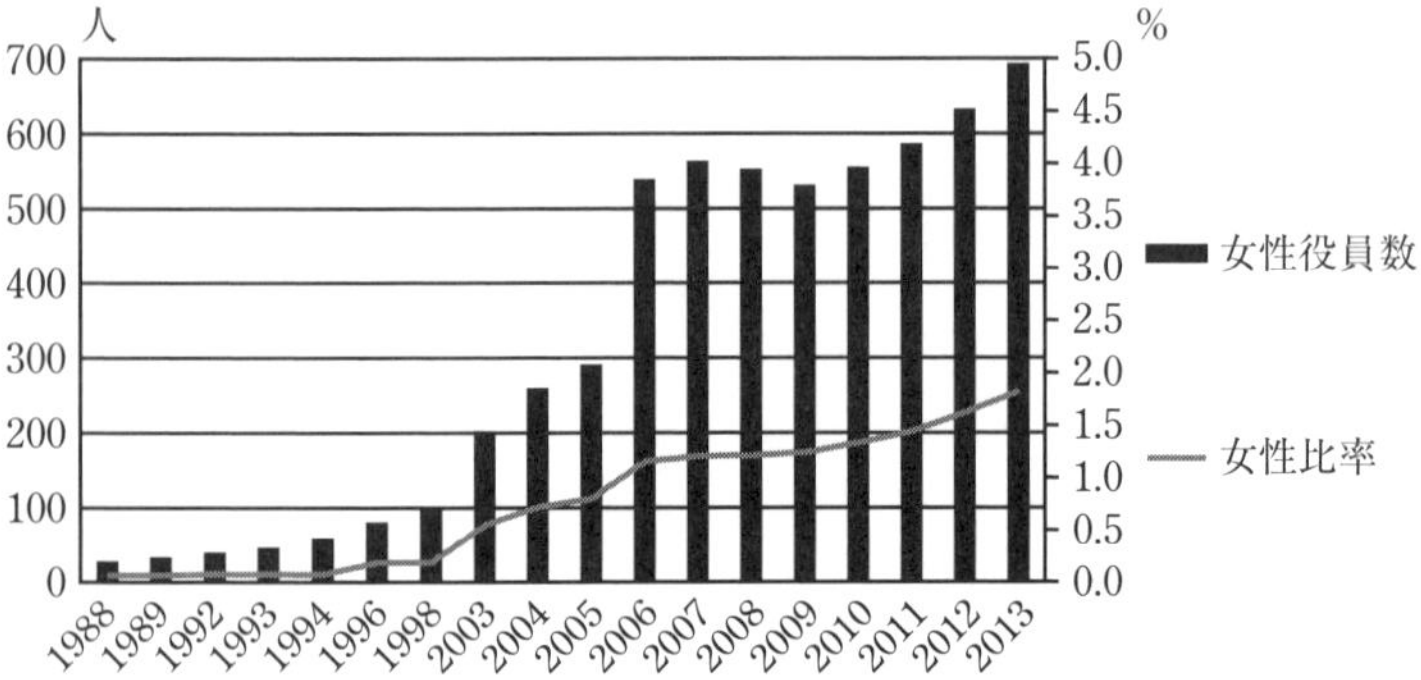

（出典：斎藤悦子氏の調査）

図3-5　女性役員数と比率の推移（1988～2013）

はトップであり、日本は韓国より低く、トルコと並んで最下位であった（〇六年）。斎藤悦子氏（お茶の水女子大学）が『役員四季報』（東洋経済新報社）によって調査した一九八八年から二〇一三年までの推移では図3-5のようになる。

日本企業とビジネス倫理との関係

日本でダイバーシティーマネジメントが取り上げられ始めたのは、八五年に改正された「男女雇用機会均等法」施行後といわれている。つまり、女性社員の処遇改善や福利厚生の充実を通じて、性別による働き方（ワークスタイル）の多様性を認識し、それを積極的に活用するための諸制度が整備され始めた。このころから育児休暇制度の導入や女性の管理職の登用がいくつかの企業の間で取り入れられ始めた。

しかし、このころはダイバーシティーという視点ではなく、「男女雇用機会均等法」の成立でその意義が少し認識され始めた。日本に本格的にダイバーシティーの用語が入ってきたのは九〇年代以降、特にアメリカ企業が日本で事業活動を営む中で、すでにアメリカで一般的に普及していたダイバーシティーの考え方が、日本企業の間でも人材の競争力を確保する方法として積極的に取り入れられるようになった。

その後、九六年に制定されたＩＳＯ１４００１の順守の要件であるＣＳＲ報告書の主要項目として、職場における基本的人権の尊重、女性の活用、障害者雇用など、特定の社員の処遇に対する取組みについて、積極的な情報公開が求められている。また、他方では日本企業のグローバル展開が進む中で、外国籍人材を登用しなければ更なる事業展開ができないという状況も見え始めている。

それでは、ダイバーシティーマネジメントとビジネス倫理とはどのような関係にあるのだろうか。本書ではビジネス倫理は積極面と消極面からとらえる必要があると述べてきた。消極面は不祥事に象徴される法律違反や今日の社会規範とかい離した非倫理的行動である。男女雇用均等法が施行されたにもかかわらず、それを積極化的に取り入れない日本企業の行動はビジネス倫理からいっても問題視されるだろう。

また積極面から考えると、日本企業の今日のグローバル事業展開を考えると、日本人そして男性中心、日本本社中心のビジネス展開ではグローバルな競争に勝てなくなるという懸念もある。ダイバーシティーの問題を深く掘り下げてゆくと、それはビジネス倫理の問題と深いつながりがあるのである。

ダイバーシティーは基本的に人材の多様性を生かし、それをいかにして企業の競争力の強化に結び付けるかが課題である。人間には、人種や性別、年齢、身体障害の有無などの表面的な違いだけでなく、宗教や価値観、社会的背景、生き方、考え方、性格、態度、嗜好など内面も違っている。これを、谷口真美氏（早稲田大学教授）は前者を「表層のダイバーシティー」、後者を「深層のダイバーシティー」の視点からその違いを説明している。

つまり、ダイバーシティーというと、女性やの外国人の活用など目に見えて、外見で判断できる表層の部分と考えがちだが、真のダイバーシティーとは外見からは判断できない深層の部分の違いまで取り入れたものである。それこそがビジネス活動の活性化につながるのだという。

①「表層のダイバーシティー」
・ジェンダー（性別）の違い――「男性」と「女性」
・身体状況の違い――「健常者」と「身体障碍者」
・人種、国籍、民族、宗教の違い
・世代の違い――「高齢者」と「若年者」

②「深層のダイバーシティー」
・宗教、価値観、社会的背景、生き方、考え方、性格、態度、趣好など

多文化チームは最も効果的かつ最も非効果的

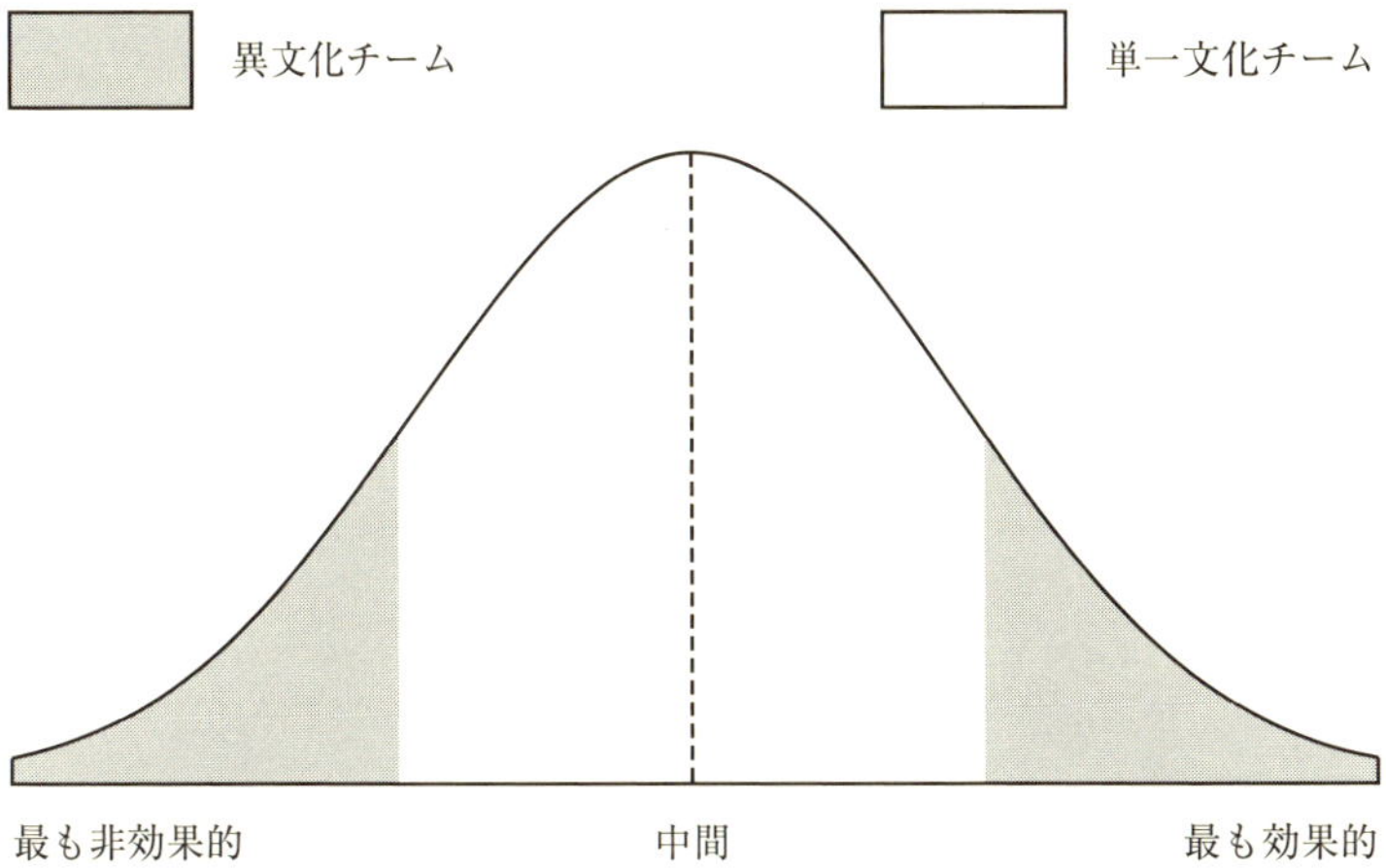

（出典：キャロル・コヴァック博士がカリフォルニア大学ロサンゼルス校（UCLA）・経営大学院で行った研究。一橋大学教授 C. アメージャンのパワーポイント資料、2014 年 6 月）

図 3-6　コヴァック教授（UCLA）が行った実験のグラフ

深層のダイバーシティーを生かすことで、相互に誘発し合える環境が生まれ、働くモチベーションにつながることが挙げられる。しかし、単に多様な人材を登用することで効果が生まれるわけではない。ダイバーシティーが急に進むことで異なる価値観が衝突することによって、むしろマイナス面が現れることもある。

カリフォルニア大学ロスアンゼルス校（UCLA）のキャロル・コヴァック教授が行った実験で多文化チームと単一化チームを比較したら、多文化チームはもっとも効果的か最も非効果的科のどちらかに分かれた（図 3-6）。つまり、ダイバーシティーがうまく機能すれば良い成果が生まれ、そうでないときは非効果的になることもあるのである。問題はその人の「個性」を組織における「役割」に結び付け、どのような成果を生み出すかを明確にすることである。

第４章　今、なぜＣＳＲなのか
――企業の社会的責任との関係

１　「企業の社会的責任」とＣＳＲ

ＣＳＲ（Corporate Social Responsibility）は日本語に訳せば、「企業の社会的責任」である。ところが、近年、産業界でも学会でも日本語の「企業の社会的責任」でなく、「ＣＳＲ」の言葉を使う。二〇〇〇年代以降、ＣＳＲは一つのブームといわれるほど、書店には「ＣＳＲ」と名の付く書籍が溢れ、研究会、セミナーの開催、学会発表も行われた。また、企業は立派な「ＣＳＲレポート」を作成し、年次報告書と同様に毎年発行している。ＣＳＲレポートは企業の社会貢献の取組み、環境問題、省力化の取組み、人権や貧困問題への取組み、海外での貢献活動など多岐にわたっている。その内容は「わが社は今年一年このような社会貢献しました」を各社が競うかのような内容で、その取組みが紹介されている。企業の社会的責任や環境問題に問題意識をもち、ゼミ発表や卒業論文にCSRをテーマにしようという学生にとっては、各社の「CSRレポート」は恰好の生きた資料である。

それでは、なぜこれほどまでにCSRが取り上げられているのであろうか。日本(人)は外来語に弱く、特に英語による表現には新鮮な響きがあるようだ。

「企業の社会的責任」という言葉が最初に使われたのは、今から半世紀ほど前の日本経済の高度成長期であった一九六〇年代後半の公害問題が起きた時で、それを契機に「企業の社会的責任」が問われた。当時の産業界の代表である経済同友会の代表幹時事、木川田一隆(当時、東京電力社長)はその責任の重大さを産業界に訴えた。これが、我が国にとっての「企業の社会的責任」問題の原点であろう。その後、何度かは取り上げられたが、七一年、七三年に起きた石油ショックによる経済の低迷の中で、我が国の有力商社による「買占め」「売り惜しみ」についても「企業の社会的責任」が問われた。その後、八五年の急速な円高進行による内需拡大への経済政策とバブル経済の崩壊により業績が低迷する。

我々が日本経営倫理学会を設立した九三年、つまりバブル経済崩壊後、不祥事が相次ぐことになった。不祥事は基本的に企業と社会との関わり合いが問われる問題であり、いわば「企業の社会的責

表4-1　1960年代以降の企業の社会的責任問題の年代的特徴

年　代	主な内容	原　因
1960年代～1970年代初め	産業公害、環境破壊、欠陥商品、有害商品	企業活動の過程で事後的に発生、結果的に反社会的行為
1973年第一次石油ショック後	商社による買占め、売り惜しみ、便乗値上げ、株価操作	最初から反社会的行為であることを知りながら、意図的に引き起こされるものが多かった
1990年代の不祥事	価格カルテル、入札談合、増収賄、インサイダー取引、総会屋対策、利益供与、損失補填、粉飾決算	バブル崩壊による売上、利益の減少、違法であることを知りながら、意図的に引き起こされたもの ⇒ビジネス倫理コンプライアンス体制の認識
2000年代以降 →グローバル化	集団食中毒、食肉偽装、リコール問題、粉飾決算、原子炉の損傷隠し	反社会的行為であることを知りながら、意図的に行ったもの ⇒世界的潮流となって、CSRの問題が問われ始める

任」の問題と関係する。「企業の社会的責任」とビジネス倫理との関係について カリフォルニア大学バークレー校のボーゲル（David Vogel）は「ビジネス倫理（Business Ethics）の Ethics はギリシャ語の“Ethikos”であり、その意味するところは品性、人格（Character）である。今日、多くの経済活動は組織を通して行われるために、企業の意思決定プロセスにおいて、個々の企業人の品性にあまり関心が注がれなくなった。結果として、企業の社会的責任とビジネス倫理はほとんど同じように使われている」（*California Management Review*, 1991, Summer）と両者が厳密な区別がないまま議論されてきていると指摘している。

つまり、「企業の社会的責任」問題はビジネス倫理の問題と同じ領域で議論されている。我々の学会発表でもビジネス倫理と併せて「企業の社会的責任」問題の発表が行われてきた。ところが、学会設立後一〇年ほどたった二〇〇〇年代初めからCSR問題が学会の中心課題として取り上げられるようになった。学会の部会活動である「CSR研究部会」は産業界からの参加者も多く、これまでいくつかの研究成果も発表され最も活発な研究活動を続けている。

それでは、我が国で六〇年代から騒がれてきた「企業の社会的責任」と二〇〇〇年代になって取り上げられている「CSR」とはどこがどのように違うのであろうか。

表4−1は我が国企業で「企業の社会的責任」が問われた時期を区分したものである。二〇〇〇年代以降、ビジネス倫理が問われた。そして、〇三年が日本での「CSR元年」と呼ばれ、その後CSRが産業界での一つの潮流になって取り組まれてきている。

2 CSRの発端と企業の危機意識

それでは、CSRは今、なぜ問われるのであろうか、そして、それは日本語で議論されてきた「企業の社会的責任」と何がどう違うのであろうか。

CSRである企業の社会的責任は基本的に企業の活動によって引き起こされる社会に対する負の

側面に関わる責任の問題である。経済活動の自由な取引によって社会の発展に寄することが本来の目的だが、そのことが結果的に社会の秩序や正義に反するような行為に対して「企業の社会的責任」が問われる。経済活動が活発になり企業間競争が激しくなると、社会を顧みない目先の経済性の追求が結果として反社会的行為を引き起こし「企業の社会的責任」が追及される。

市場経済の発展と危機意識

企業の社会的責任が問われたのは、元々、自由経済体制の先進国といわれたアメリカ、そして戦後の日本やイギリス、ドイツ（旧西ドイツ）など西側世界で問題になった。戦後、自由経済体制を基本にするアメリカと西側世界の国、他方、東側の社会主義計画経済を中心とする旧ソ連（現ロシア）、東ヨーロッパである。これらは冷戦の中にあったが、飛躍的な経済発展を遂げたのはアメリカ、日本、ドイツ等の西側諸国であった。東西冷戦が続く中で、歴史の転機ともいえる社会主義計画経済体制の終焉のきっかけは八九年一二月の「ベルリンの壁崩壊」である。

第二次世界大戦前のドイツは一つであり、首都はベルリンにおかれていた。それが、敗戦によって東西ドイツに分割され、東ドイツ領内にあった首都ベルリンも分割されるという歪な形態で政治が行われてきた。それが戦後半世紀近くになって、西側である西ドイツ、そして西ベルリンが飛躍的な経済発展をしたのに対し、東ドイツ、東ベルリンの経済格差は広がるばかりとなっていた。情報化社会の進展によって、西側諸国の豊かさを目にする東側の民衆はその経済格差による社会体制のあり方に不満がつのっていた。

結果的に若者たちの不満の爆発が「ベルリンの壁崩壊」である。その崩壊を契機に東西ドイツの併合、その後を追うかのように旧ソ連の崩壊、東ヨーロッパの崩壊は社会体制のあり方を根本的に改革することになる。まず、経済改革は自由経済体制を基本にした競争原理による「市場経済」の導入である。これは、さらに社会主義国中国にも影響を及ぼし「社会主義市場経済」という政治と経済の分離による混合型社会体制を試みることになる。政治は中国共産党の一党支配による社会主義を堅持しながら、経済は市場経済を導入した競争原理である。鄧小平による中国の「改革開放」の政策は一三億中国人民の心を揺り動かし、市場経済が加速した。

そして、旧ソ連、東ヨーロッパ、中国による市場経済の導入は経済競争をさらに激しくすることになる。西側世界の企業は新たな市場拡大を求めて、様々な形の投資を始める〝経済活動のグローバル化〟の動きである。加速する経済活動は資源獲得、乱開発、工場立地の推進、低賃金労働、環境汚染の問題を引き起こす。あまりにも急速な経済活動は結果として公害や水質汚染の問題、自動車の普及による排出ガス問題、市場取引による勝者と敗者の格差、貧困問題、過酷な労働による人権問題がグローバルな広がりを見せるようになる。

新たに加わった市場経済の導入はグローバル経済を活発化させる一方で、様々な形の社会問題を生み出すことになる。つまりこのまま市場経済が進んだら、地球上の資源、環境問題、貧富の格差、人権問題は大丈夫なのかという危機感が市民意識の中で芽生えるようになる。いわば、地球規模で広がる市場経済活動の一方で、これからの社会がこのまま永続できるのだろうか——。つまり、CSRが問題とする永続可能（Sustainable）な社会の実現可能性について危惧し始めたのである。このことが企業にその原点に立ち戻って、今こそ「企業の目的とは何か、その社会的責任とは何か」について真剣に受け止めなければならないという意識を植え付けた。

ヨーロッパでの危機意識——CSRヨーロッパの誕生

以上のような危機意識の中でCSRが最初に芽生えたのはヨーロッパ、EUである。EU諸国では隣国である東ヨーロッパが経済改革による市場経済への移行によって環境や人権にかかわる問題を目のあたりにする。EUは九〇年代以降の社会的排除の問題、失業、雇用問題、荒廃した地域社会の問題への対応、さらに環境問題、グローバリゼーションに伴う途上国での労働、人権問題などへの対応が迫られる中で、企業の果たすべき役割が問われ、CSRが議論されるようになった。

二〇〇〇年のEU理事会におけるリスボン宣言がCSRを本格的に考える出発点となった。そのポイントは、EUが「よりよい雇用と社会的統合を伴う持続的な経済成長を可能にする知識ベースの経済の構築を二〇一〇年までに目指す」ということであり、持続可能な発展に向けた戦略目標に

CSRが重要な貢献を果たすと考えた。これを受けてEU内にはCSRの検討会が設置され、経営者団体、労組、NGOなどと共同して様々な形の取組みを本格化してゆく。

その頃、スイス（ジュネーブ）に本部をおくグローバル企業の経営者のネットワークであるWBCSD（World Business Council for Sustainable Development）では、Sustainable Developmentという視点から社会的に責任ある企業の役割について、先駆的な役割を果たし、CSRに関する様々な政策を提示してきた。

このネットワーク組織に先立つ九二年にリオデジャネイロで開催されたのが「国連環境開発会議」である。ここでは地球環境問題をテーマとしNGO（Non Goverment Organization：非政府組織）も初めて公式の参加が認められ、多数のNGOによるフォーラムが開催されている。環境と開発について包括的な議論が行われ、持続可能な発展を求める行動計画「アジェンダ21」が採択された。

その二年後の九五年、デンマークのコペンハーゲンで「世界社会開発サミット」が開催された。ここでは社会的公正と人権に基づいた人間中心の社会開発が二一世紀の課題だという「コペンハーゲン宣言」が採択され、持続可能な発展が貧困撲滅、雇用、社会的統合といった広く社会的問題を含めて議論された。NGOフォーラムも同時に開催され、グローバル市場経済の問題点も指摘され、これを契機にグローバリゼーションに関わる企業の社会責任、役割が本格的に議論されるようになる。

NGOの存在はそれまでは、一つの小さいネットワーク組織だったものが、インターネットの普及によって急速な広がりと影響力をもってくるようになる。特に、グローバリゼーションの負の側面に関わる問題に対するＮＧＯのネットワークは広がり、国際会議での重要なポジションを占めるようになる。

市場経済と人権問題

進展する市場経済化の中にあって、企業活動のグローバリゼーションは進出国で様々な軋轢がでてくる。グローバル企業はコスト削減による低賃金労働を求めて新興未開地域に進出する。そこでは低賃金で労働者を雇い過酷なまでの労働を強いている。本国本社では相当の利益を生みながら、片や人間の基本的人権を無視したほどの賃金しか支払っていない。スポーツシューズのグローバルブランドとなっているナイキが、インドネシアやメキシコの工場で時給わずか一七セント、二〇円ほどで人を働かせていることが判明し、国際的な社会問題となった。

これはグローバル企業としてのＣＳＲのあり方を国際的にも提起し、人間の基本的人権を国連の場でも取り上げる契機となった。人権とは個人が社会で生きてゆくために必要な最低限の権利である。国連の人権宣言には「個人の尊厳、平等、人類全体に共通する基本的人権が世界の自由、正義、そして平和の礎となる」と書かれている。グローバル化の進展によって、地球上のすべての人間が生きてゆく権利を謳った人権が脅かされ、貧富の格差を生み出していることが、国連の場で取り上げられた。

この問題を真っ先に取り上げた当時の国連事務総長コフィー・アナンは、グローバル・コンパクト（Global Compact）というイニシアティブを提唱した。これは、人権、労働、環境、腐敗防止の四項目を起点に一〇の原則からなっている。グローバル・コンパクトの基本は「企業は社会のためにあり、社会へのネガティブな影響をミニマムにし、ポジティブな影響をマキシマムにしなければいけない」という社会契約論の概念を基本にしている。そこでは人間の尊厳が守られ最低限の人権が約束され、安全に働き、健康と活力維持していける賃金が保証され、最低限の労働基準が満たされ、地球環境の保護への最低限の取り組みをするのが企業の社会責任「ＣＳＲ」であると主張した。

ちなみにグローバル・コンパクトの署名をした団体は一三年一二月現在、全世界で一万二〇〇〇を超え（企業は約八〇〇〇社、ＥＵ企業の参加割合高く、一位：スペイン一六九八社、二位：フランス九八七社）、そのうち日本は二一〇団体（うち上場企業一一〇社：杏林大学・田中信弘教授調査）である。このようにグローバル・コンパクトは、世界の企業、諸団体が賛同する中でもヨーロッパ企業への広がりが強く、さらにこれを支援するＥＵのＮＧＯやＮＰＯも加わって世界的な広がりを見せている。

日本でのCSRの潮流

先に述べたように、九三年に日本経営倫理学会が創設された後、九〇年代に起きた不祥事によってビジネス倫理が問われたものの、CSRの問題はそれほど主要な問題ではなかった。ビジネス倫理は本来的に企業と社会の問題であり、企業の社会的責任問題と深い関わりをもつ課題である。ところが、二〇〇〇年代になると我が国の産業界や我々の学会でもCSRに関する議論、研究発表、書籍等の発刊が急速に高まってきた。

我が国におけるCSRへの関心は〇三年が「CSR元年」だといわれている。この契機はヨーロッパを起点としたCSRへの関心の高まりの潮流の中で、我が国の産業界で経営者の集まりである、経済同友会がCSRをテーマとする企業白書『「市場の進化」と社会的責任経営』を〇三年三月に出しているからである。しかし、これより先に関西経済連合会では二〇〇〇年に「企業と社会委員会」においてCSRを議論し、その報告書である『企業と社会の新たな関わり方』を〇一年三月に出している。経済同友会の白書の特徴は、単に行動規範を制定するだけでなく、自らがそれをチェックするためのツールを通して、CSRの自己評価シートである五分野一一〇項目を付した。二〇〇〇年代になって、産業界が先導する形で取り上げられるようになり、CSRの普及、CSR担当者の任命、部門の設置、CSR活動の具体的アクション、その活動状況をまとめたCSR報告書の作成へと急速に広がっていった。CSRの普及は二〇〇〇年代以降の不祥事が相次いでビジネス倫理が問われた時期に重ね合わせる形で、その意義を深く考える契機となった。これまで、我が国企業で行ってきた「企業の社会的責任」活動の一端である寄付行為、メセナ、フィランソロピーなどの社会還元活動とは違う、もっと深遠なものであることに目を向け始めた。つまり、CSRは企業価値の新たな創造に結び付く、経営の基軸に据えるべきなのである。キヤノンのCEOである御手洗冨士夫氏は「私たちは、環境対応がコストでなく、収益に直結し資源生産性の最大化に貢献する、という信念をもっています。社会性と経営も切り離せんから、あらゆるステークホルダーとの共生ができない企業は淘汰されると思います」。また損保保険ジャパンCEOの平野浩志氏は「市場は企業に対して経済価値の創造だけでなく、環境的価値や社会的価値の創造を求めている。CSRの動きは一過性のブームではなく、世界的に同時進行する大きな潮流であり、企業経営者は、経営感の転換が必要な局面を迎えている」(高巖『CSR』終章から引用)と見事な指摘をしている。CSRは一過性のブームではなく、企業が新たに発展してゆくための経営戦略の一環なのである。

3　企業の社会的責任と今日のCSRの違い

さて以上のような観点から、我が国の高度経済成長期であった六〇年代終わりから七〇年代始めにかけて主に公害問題を契機に問われた「企業の社会的責任」問題と、今日のCSRとは一体どう違うのであろうか。まず、前者は日本発の問題で企業の社会性が産業界で初めて議論された課題であること。一方、後者は九〇年代以降、グローバルに広がる市場経済化の流れの中で、地球環境への危機感をもつ市民意識から生まれてきたことである。それは、ヨーロッパ発でアメリカ、日本をも巻き込む形で世界的な潮流になってきていることだ。これを考えても前者と後者は年代的にも、発祥地やグローバルな規模での活動においても、その課題の範囲からいっても基本的に違うということになる。

我が国での企業の社会的責任問題は、企業が社会に及ぼす負の側面である工場煤煙による大気汚染、工場用水による水質汚染、それが原因による身体への影響、また後に続く企業不正の行為が厳しく追及された。これに対しては企業も厳しく受け止め様々な対策を施してきた。今、工場を作ろうと思えば環境対策、地域社会との共存は当たり前になり、一切の物理的被害を与えてはならない。しかし、その後も「企業の社会的責任」問題は様々な形で起こり、その都度企業活動の一部としてしかるべき対応は行ってきた。

しかし、今日のCSRは企業活動の一部としてとらえられることではなく、企業経営の真髄、経営戦略の基本においた企業の全社戦略（Corporate Strategy）としてとらえるべき課題なのである。具体的にはそれぞれの企業が拠って立つ事業の柱である本業に関わる問題である。しかし、本業を通じて社会に貢献することは日本企業にとって当たり前であり、今更ながらその是非を問われることはないだろう。多くの日本企業の飛躍的発展はそれを基本に据えてきたからこそ、社会からの信頼を得て今日があったと考えられる。それでは、今、ＣＳＲを基軸にした経営とは何がどう違うのだろうか。

それを考えるには、第一章で述べた「二〇世紀の企業人格」と「二一世紀の企業人格」を参考にして考えてみるとよい。その違いから考える今日のＣＳＲは、地球上に広がる環境問題や経済格差の問題、貧困や人権の問題、そして市民意識の高揚に伴う価値観の変化（図３‐２では常識の進化）、国際的な企業行動基準への対応として企業は何をできるかという演繹的発想からとらえる必要がある。そうすると、ＣＳＲは何も企業活動の一部として「行わなければならない」と消極的に対応することでなく、前向きで積極的に新しい事業の創造としてとらえることができる。前者を「守りのＣＳＲ」と考えれば、後者は「攻めのＣＳＲ」と考えてもよい。

例えば、〇八年のアメリカのリーマンショックによって世界最大の企業であったＧＭ（General Motors）が翌年倒産した。ＧＭは目先の利益を追って大型車を作り続けた。片や日本のトヨタ、ホンダは環境にやさしいエコカーを開発し爆発的な人気を博してきている。二一世紀の企業のあり方を見据えた、正に本業を通じての新たな事業の創造であり、これこそがＣＳＲである。つまり、地球環境を見据えた燃費を抑えた製品のイノベーションである。こう考えると、日本企業による省エネルギー技術、環境技術、新素材開発、ロボット技術、医療分野の開発等は、将来の新しい事業創造につながる分野といえる。

九〇年代初めに企業が社会的責任を果たすべくメセナやフィランソロピー、慈善事業のための献金活動、ボランティア活動が叫ばれ、企業活動による利益の一部を社会に還元することが行われた。しかしこれは「慈善活動」であっても、本業に帰する「慈善事業」ではない。これまで企業にとって環境対策はコスト増の要因だったが、近年では無駄を排して競争力を高める利点をもっている。このようにCSRを「攻めのCSR」で考えると貧困問題、環境エネルギー、男女の雇用問題、教育等の多様な問題の解決に向かって、それを企業の本業の一つに据えることもできるのである。

4　日本企業の具体的取組み

以上のようにCSRを「攻めのCSR」こそがその基本的使命と考えると、それは二一世紀の企業人格としてとらえることができる（図3‐2）。それには、経営を率いる最高経営トップの基本姿勢として組織全体でその変革の意義を共有しなければならない。しかし、それを具体的に推進するための糸口として組織に何らかの責任体制が必要である。それを今、日本企業で担っているのがCSR部門である。この取組みを調査するため、日本経営倫理学会と姉妹関係のある経営倫理実践研究センターの会員企業にアンケート調査を行った（一一年四月、経営倫理、CSRに取り組んでいる我が国の代表企業八〇社に送付、四〇社から回答、調査結果は『グローバル企業の経営倫理・

CSR』白桃書房、二〇一四所収）。

それによると、グローバルな事業活動の中で社会貢献のガイドラインを定めている企業は七〇％、それを英文やその他の言葉で作成している割合はその中の八二％、社会貢献を専門に担当する組織の割合は四三％、担当部署の名称はCSR推進室、社会貢献室、総務室、CSR統括部、CSR企画室社会貢献グループ、経営監査本部、CSR部、CSR経営推進部、CSRグループ、社会文化グループなどであった。

また、それを海外事業拠点でも責任を明確化している企業は四〇％であった。また、CSR活動の中核とされる企業の環境対応は本社の経営課題の重要な柱となっており、事業活動と一体となって行われている。現地法人ではグリーン購入についてはGNP（Green Network Purchasing）のガイドラインに沿って実施している割合は三八％、実施していないところは三八％、自社独自の指針で行っているところは六九％であった。グリーン購入は製品やサービスの購入にあたって、品質や価格だけでなく環境に配慮し、環境負荷ができるだけ小さいものを購入することである。これは〇一年にグリーン購入法が制定されたことにもよる。原材料のグリーン調達については、包括的なガイドラインを定めて実施しているところは四五％、部分的なガイドラインは五〇％、原材料の有無については六七％であった。企業の社会的な貢献活動の取組みについての具体例は植林活動、水資源プロジェクトへの協力、教育支援活動、文化芸術活動、災害支援や医療への支援であった。

また、特に海外拠点の活動に関しては進出地域の地域社会との共存に一番の重きを置いており、特に将来の人材育成のための教育資金や留学支援を行っている。そのほかの貢献活動は大震災復興支援、難民のための診療所、教育研究支援、環境支援活動、知育住民による学校建設事業、図書館の建設支援、森林保全支援、環境保全活動支援、湖湿地、海岸の保全活動に対する支援等であった。

5 CSRからCSVへ――企業のグローバル戦略として考える

CSVとは何か

近年、CSRと共にCSVの言葉を耳にするようになった。これは、ハーバード大学の経営戦略論で名高いマイケル・ポーター教授が二〇一一年の『ハーバード・ビジネス・レビュー』誌に掲載した論文“Creating Shared Value”（邦訳「共通価値の戦略」）が最初である。ポーターはこの論文で、社会課題を解決することによって、社会価値と経済価値の両方を創造する次世代の経営モデルを提唱した。CSRも社会価値の創造に関連することを考えると両者は同じ領域となる。

ポーターはこの論文の中で「戦略的CSR」という言葉を使い、自社の事業行う事業の中で社会的な課題に応える必要性を指摘した。ポーターは「戦略的CSR」よりさらに進んで、戦略的でなく戦略そのものにしてしまおう、というのがCSVである。CSRは現代の「企業の社会的責任」

だがCSVは共通価値（Shared Value）を事業の創造（Creating）の柱にする。すなわちそれを経営戦略の中心軸にしようというものである。しかし、この考えは新しい企業価値の創造として反響を呼んだが、現代のCSRの本質も基本的にはCSVと変わりはない。ただ、我が国で「企業の社会的責任」が問題になった七〇年代の社会環境と現代の社会環境から生まれるCSR、そしてCSVの提唱は本質的には違うということである。

この背景の一つともなる大きな流れとして、新興国の台頭がある。先進国による企業のグローバリゼーションは新興国をも巻き込む形で様々な社会問題を発生させている。これは今日まで先進国間での経済活動では考えられなかった新たな問題である。それは一企業で解決される問題ではなく、グローバルな課題である。これが二一世紀の社会的価値の創造と経済価値の創造にもなるのである。

CSVを新興国市場で考える

本書のタイトルは『戦略としてのビジネス倫理入門』である。ビジネス倫理もCSRも経営環境の変化に対して、前向きで、積極的「攻め」で考えようとしている。経営戦略をシンプルに機能面からだけみると、どのような製品をどこ（市場）に買ってもらうかの製品市場戦略が基本である。ビジネス倫理、CSRから考えた製品については、エコカーの開発や環境技術、新素材の開発等について今、日本企業が取組み期待される分野であることは先に述べた。今度はこれを市場戦略の面からみ

表 4-2　主要地域経済圏の人口と GDP

地域・国名	加盟国数	人口	GDP 値	一人当り GDP 値
北米自由貿易協定（NAFTA）	3	4.57 億人	17.19 兆 US ドル	37.574 兆 US ドル
欧州連合（EU）	27	5.02 億人	16.10 兆 US ドル	32.076 兆 US ドル
東南アジア諸国連合（ASEAN）	10	5.88 億人	1.80 兆 US ドル	3.058 兆 US ドル
中華人民共和国	×	13.41 億人	5.74 兆 US ドル	4.284 兆 US ドル
日本	×	1.27 億人	5.39 兆 US ドル	42.318 兆 US ドル
ブラジル	×	1.90 億人	2.02 兆 US ドル	10.609 兆 US ドル
ロシア	×	1.41 億人	1.47 兆 US ドル	10.406 兆 US ドル
インド	×	11.91 億人	1.43 兆 US ドル	1.200 兆 US ドル
オーストラリア	×	0.22 億人	1.21 兆 US ドル	54.087 兆 US ドル
（東アジア共同体）	（10～16 カ国）	20-30 億人	11 兆 US ドル	5.374 兆 US ドル

注：値は 2010 年時点のもの。GDP は変動為替ベース
（出典：Wikipedia（2012）、NAFTA の説明）

たらどうだろう。

つい近年まで、多国籍企業や国際経営の研究対象といえば、アメリカ、ヨーロッパ、日本企業などの先進国企業であり、その目指す市場は世界の先進地域であった。世界市場とはいっても、その半分以上は先進地域で占められ、その他の地域は補完的で大きなビジネスチャンスがあるとは考えていなかった。

ところが二〇世紀の工業化によって大きな発展

を遂げた先進国市場は成熟化する一方で、新興国市場の拡大が期待されている。とりわけベルリンの壁崩壊後、市場経済体制へと進んだBRICs（Brazil, Russia, India, China：ブラジル、ロシア、インド、中国）各国や東南アジア諸国連合であるASEAN地域の経済発展が期待されている（表4-2）。イギリスの調査会社ユーロモニター（Euro Monitor）によるとアジアの年間世帯可処分所得五〇〇〇～三万五〇〇〇ドルの中間層は二〇一一年の一七億人から二〇二〇年には二三億人に増え、消費総額は一四兆ドルとなりアメリカを上回ると予測している。アジアの国内総生産、GDPは一三年に世界の三割に達し、日本、中国、その他がそれぞれ一割前後となる。アジア開発銀行は二〇五〇年にアジアのGDPが二〇一三年の約八倍に膨らみ、世界の五三％を占めると予測し、二一世紀中頃にはアジアは世界の五割を占める経済圏に達する。

CSVとBOP市場

また、近年BOP市場という新しい言葉が出てきた。BOPとはBottom of the Pyramidの頭文字からきており、世界の所得分布図をピラミッド構造にした場合の底辺部分を指している。図4-1では年間三〇〇〇ドル以下で暮らす層にあたる。世界資源研究所（World Resource Instiute & International Finance Corporation）によると、世界の人口の約七二％に当たる約四〇億人が年間所得三〇〇〇ドル以下の人であり、その上のMOP（Middle of Pyramid）層は一四億人、TOP（Top of

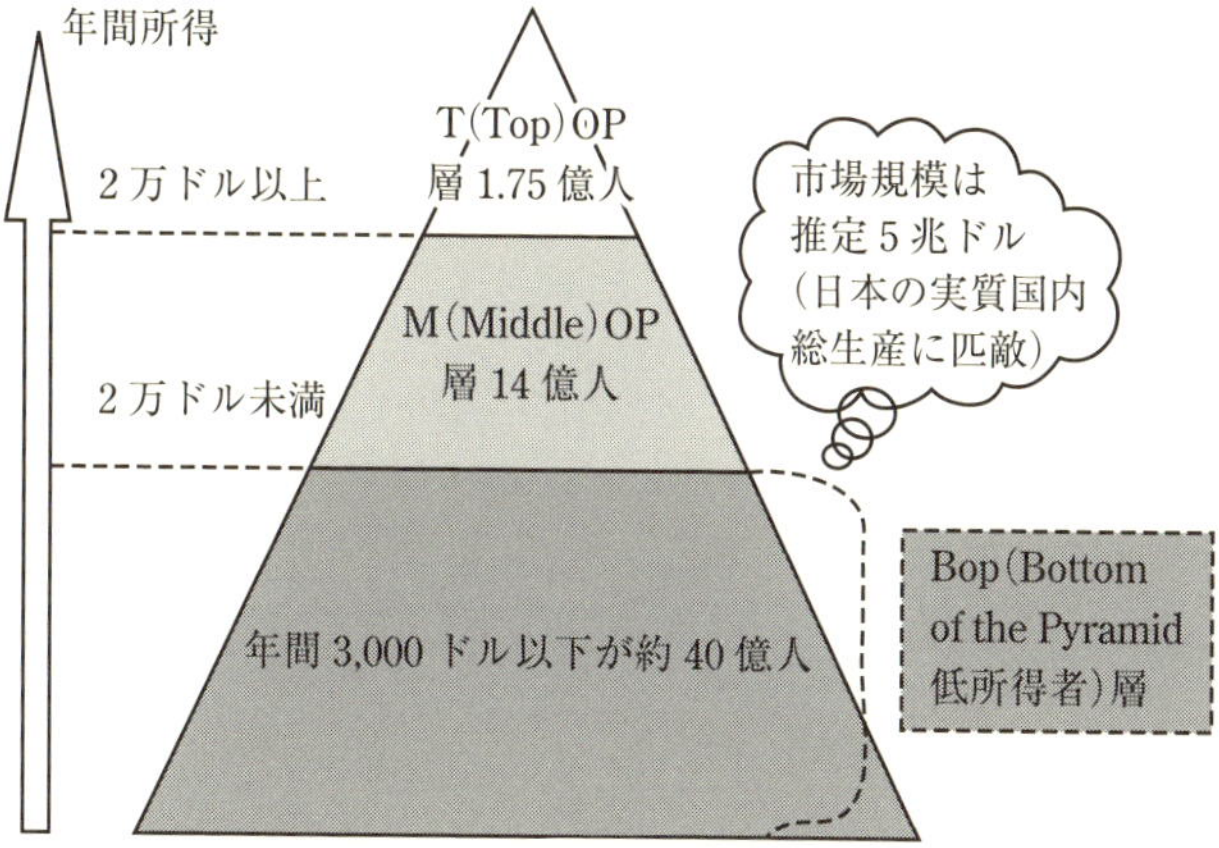

（出典：World Resource Institute & International Finance Corporation（2007）、「ソーシャルイノベーションの経営戦略」野村総合研究所、をもとに水尾順一が作成〈『駿河台論集』第20巻第1号（2010.9）〉）

図 4-1　世界人口の所得層と市場規模

the Pyramid）層はわずか一・七五億人と推計されている。

　しかし、これからのBOP市場を考えると、約四〇億人の市場規模が年間所得三〇〇〇ドル以下であっても、これを加算すると総額五兆ドルであり、日本のGDPである実質国内総生産に匹敵することになる。これまで、日本企業がターゲットとしてきた市場はトップとそれに程近い一部のミドルの富裕層だったが、これからはミドル層全体やBOP層の市場開拓が重要になってくる（図4-1）。

　こう考えると、先進国市場が成熟化する中でも新興国市場、BOPが期待される一方で、そこには貧困問題、社会インフラの整備、環境衛生面の整備、教育環境の整備、食糧改善等の問題が数多く内在している。これらの社会的問題を解決すべき問題を企業のＣＳＲの中核に位置づけることが重要である。経営戦略の著書で著名なマイケル・ポーター（Michel Porter）は事業活動とＣＳＲを有機的に関連づけて「受動的（Responsible）ＣＳＲ」を越えて「戦略的ＣＳＲ」としてとらえるべきだとしている（*Harvard Business Review*, 2002, December）。企業はそれらの問題解決のために本業を通じて社会貢献することがＣＳＲなのである。

例えば、ヤクルトは「世界の人々の健康を守りたい」との本業を通してそのことを追求し海外事業展開してきた。同社の一九六三年から始まったヤクルトレディによる乳酸飲料の宅配は健康維持と女性の雇用機会創出の二点で当時の日本社会に大きく貢献した。これこそがバングラデシュのグラミンダノンフーズ（グラミン銀行とフランスのダノン社との合弁会社）がＢＯＰビジネスとして近年考案した安価で栄養価の高いヨーグルトの販売を担うグラミンレディの原型となっている。

このほか、日本企業による政府、ＪＩＫＡ、ＵＮＩＳＥＦと共同した多種多様のビジネスがある。特別にＣＳＲといわないまでも、本業を通じて社会に貢献できるビジネスモデルの構築こそが重要なのである。

第5章　ビジネス倫理教育への新たな挑戦

――アメリカのビジネススクールの新潮流

1　同時多発テロ事件以後のアメリカのビジネススクール

今、アメリカ大企業五〇〇社においてCEOの三人に一人はMBAをもっているといわれている。そして、このCEOのMBA取得者の割合は年々増えている。つまり、経営幹部に就く条件として若い時にまずMBAを取得することがキャリア・デザインの基本となっているのである。このような形での人材育成のニーズに対応してアメリカ各地の大学ではMBAコースをこぞって開設してきた。しかし、ビジネス教育の最先端を担ってきたアメリカのビジネススクールは近年、様々な見通しと改革に迫られている。

まず、直接的な大きなインパクトの一つは二〇〇一年九月一一日のアメリカ同時多発テロ事件である。テロ事件の後、留学生のアメリカ入国の発給ビザは厳しく制限されている。その理由は、テロリストたちが留学を装ってアメリカに入国し、テロの戦略を練り上げて9・11テロ事件を起こしたことに対する警戒感からである。それまでは比較的簡単に留学の理由で入国できたものが現在は厳重な審査の上でやっとビザが発給されるのが現状だ。ビジネススクールへの入学もそれまでは国内外からの受験者が殺到し、MBAへの入学が許可されるのは受験生の上位二〇〜二五%のみだった。ところが、テロ事件以後、それは大きく変わり、有名ビジネススクールでもパスラインは三五%以下に引き下げられている。

カーネギーメロン大学のビジネススクールでは入学定員を二五〇人から一四〇人に減らしたと伝えている（*Business Week*, April 18, 2005）。筆者が〇三年から〇四年にかけて客員教授を務めたニューヨークのペース大学ビジネススクールはニューヨークのダウンタウンにある。ウォールストリートに近く、崩壊したワールドトレードセンターまでは歩いて一〇分ほどの距離である。会社勤めの人が働きながらMBAを取得するには最高の場所といえる。しかし、9・11テロ事件で、ペース大学の卒業生四七人、在校生四人が犠牲となった。そのため、テロ事件以降、海外からの留学生はもちろん、アメリカ国内からの学生も減っている。また、ペース大学だけでなくニューヨーク市内の大学はどこも入学者が減っているといわれている。

テロ事件に加えて入学者が減少している要因は高い授業料にある。アメリカのビジネススクールの授業料は一年間で平均三万三七七四ドル（これは〇五年時点、現在の一ドル一二〇円換算だと約四〇〇万円）といわれている。MBAは二年間であるから、六万八〇〇〇ドル（約八〇〇万円）近い授業料はいかにも高い。これに加えて学生には食費や住居費など、生活費の負担も必要である。ニューヨークにあるコロンビア大学のMBAの学生は、年間約六万四〇〇〇ドル、二年間で一二万八〇〇〇ドル（約一五〇〇万円）を用意しなければならない。卒業後に就職した場合の年間収入が平均八万四〇〇〇ドルといわれる中で、あまりにも授業料が高すぎる。これではたとえ就職が決まったとしても、MBA就学中の二年間の借金はすぐには返せない。

それとアメリカ一辺倒だったビジネススクールもいまや世界各地に開設されていることも入学者減少の要因になっている。承知のように我が国にもビジネススクール（慶應義塾大、早稲田大、一橋大、神戸大、青山学院大、中央大、国際大など）ができているし、ヨーロッパにはINSEAD（フランス）、LONDON（イギリス）、IMD（スイス）、IESE（スペイン）などが、そしてアジアではシンガポールにアメリカ、ヨーロッパから進出したビジネススクール（INSEAD、CHICAGO、MITなど）ができている。また中国にも上海にCEIBS（China Europe International Business School）ができて、欧米の教授陣を迎えてすべて英語で授業を行うという本格的な中国版MBAコースが人気を呼んでいる。ビジネススクールのグローバル化ともいえる世界的な広がりによって、アメリカのビジネススクールに行かなくとも学べる状況になってきている。

2　ビジネススクール教育への疑問

もう一つはビジネススクール自身の問題である。八〇年代始め、経営戦略手法の一つであるＰＰＭ（Product Portfolio Management）がもてはやされた時、アメリカマネジメント・ノウハウは「分析マヒ症候群」（Paralysis by Analysis Syndrome）と揶揄された。しかし、実際の経営はこのような分析的なマネジメント・ノウハウだけでは説明できるものではない。それは何よりも企業は意思をもった人間の集合体であるし、どんな場合でもビジネスは社会との関わり合いの中にある。今、アメリカのビジネススクールで問われているのは、専門的立場からのマネジメント・ノウハウが強調される反面、それをトータルにとらえた経営の本質的意義の教育が見失われているという点である。これは今、ビジネススクールに学ぶ学生、そして採用側である企業からはもちろん、ディーンである多くの学部長からもその改革について、『ハーバード・ビジネス・レビュー』誌で詳しく述べられている（Warren G. Bennis, James O. Toole, "How business school lost their way", *Harvard Business Review*, May 2005）。

ここでの主張は今や、アメリカのビジネススクールはその本来の目的であるプロフェッショナル・

リーダーの育成という使命を見失い、余りにも専門分野（同論文では Scientific Model という言葉を使っている）の研究・教育に片寄りすぎて今日のダイナミックなビジネスの現実を理解し、それに対応した教育内容にはなっていないというのである。そして、この背景にある最大の原因は教える側であるファカルティー（教授）の育成と評価にある。ファカルティーが准教授や教授としてテニュア（tenure：終身雇用権）をとろうとするとその評価は科学的モデルによって緻密に構築された論文が唯一のクライテリアであり、それは結果的には現実の経営とはかけ離れた象牙の塔的論理へと展開されてゆく。

本来のビジネススクールの目的は教育に主眼が置かれていることであり、実務で相当の経験を積んだ人がファカルティーの一員になっていた時もある。これは今、皆無に近い。このようなことから今、ビジネススクールで問われているのは、科学性と実用性のバランスを取り戻した教育体系への変革なのである。象徴的なことではあるが世界屈指のコンサルタント会社であるマッキンゼーでは、採用者の対象を、かつて「ＭＢＡ七五％：学部卒二五％」だったものを、「ＭＢＡ二五％：学部卒七五％」に逆転させたといわれている。これはＭＢＡで学んだ単なる専門の知識よりも、より幅広い知識の必要性、あるいは実際的な工学系の技能が望まれているからである。つまり、学部卒をＯＪＴで鍛えながら幅広い知識を修得させる企業内人材育成の方法を取り入れ始めたのである（*Business Week*, April 15, 2005）。

3　ビジネス倫理教育の強化と方法

ダラス大学の前学長であったトーマス・リンゼーは「アメリカのビジネススクールの学生たちは富を最大化するための計算方法を勉強することにその時間の九五％を費やしてきた。道徳的な力を養うために費やされる時間はわずか5％足らず」と述べている（前掲 *Harvard Business Review*）。これはいかにアメリカのビジネススクールが道徳・倫理の問題を取り上げてこなかったかを端的に表している。このことは、近年のわが国でも多発する不祥事によって問題になっているビジネス・エシックス（企業倫理）教育の強化にもつながっている。狭い専門的分野で議論される科学的モデルのみを紐解くのではなく、企業と社会、企業と人間という幅広い見地から、企業のあり方を問い直そうとする動きである。ビジネス・エシックスは、七〇年代始めに起きたウォーターゲート事件（共和党が民主党の本部ウォーターゲートホテルで盗聴したことが発覚し、当時のニクソン大統領の辞任まで発展した事件）まではあまり聞き慣れない言葉であった。そして、その後、しばらくこの問題はあまり正面から取り上げられることはなかった。

ところが、エンロン、ワールドコム事件の発生によってビジネス・エシックスの問題は、産業界やビジネススクールでも最大の課題となってきた。実際、エンロン事件以前のビジネススクールのカリキュラム調査では、ビジネススクール全体の三分の一の大学しかビジネス・エシックスを必修科目に入れていなかったのである。このことからしても、九〇年代のアメリカ経済繁栄の裏には、不正行為も厭わないで利益追求する企業の実態が透けて見える。

ところが、二〇〇一年に起こったエンロン、ワールドコムという二つのビッグニュースが、ビジネス・エシックス問題を再燃させた。事実、〇二年のアメリカのビジネススクールのほとんどは、エンロン事件をケースとして取り上げ、ビジネス・エシックスのコースの開講やカリキュラムの変更が求められた。

ペンシルベニア大学ウォートン・スクールは八〇年代からこの分野で最も力を入れているビジネススクールである。エンロン、ワールドコム事件以後、〇三年のビジネススクールのウォール・ストリート・ジャーナル誌によるランキングではこの特徴と卒業生の活躍からみて、企業のリクルーターからの評価はウォートン・スクールが第一位になった。ここでは、入学した初年度には"Ethics and Responsibility"のクラスを学生全員に受講することを強制し、ビジネス・エシックスへの理解を深める第一歩としている。ハーバード・ビジネススクールではすべての学生に「リーダーシップと倫理」をとるように要求し、ダートマス大学では近年の不祥事を題材にしながら学生、教授、そして一般市民を巻き込んでその問題に集中したディベートの授業を取り入れている。

また、コロンビア大学ではビジネス・エシックスとリーダーシップの問題を専門に研究する研究所を開設した。イエール大学では新学部長のもとでビジネス・エシックス問題を継続的にシリーズとして取り上げるセミナーの開設を行っている。ラトガース大学やメリーランド大学のビジネススクールではビジネス・エシックスの科目をとるだけでなく、その意義を肌で感じるため、収賄などの罪を犯した人と直接会話するための刑務所訪問を行っている。この他にも近年ではビジネススクールのトップといわれているところは様々な手法をこらしてビジネス・エシックスの教育に力を入れている。

4　ドラッカースクールとPRME

ドラッカーとNYU

さて、ここで上記のようなアメリカ・ビジネススクールの流れにあって、カリフォルニア州にあるドラッカースクールの取組みを紹介したい。ここは、ロスアンジェルスから一〇〇マイルほど離れたクレアモント（Claremont）という小さな町にある。ここを二〇一〇年の夏、私は訪問し、その取組みを知ることができた。ドラッカーといえば我が国の産業界、学会に多大な影響を及ぼし、知らない人はいないだろう。まず、ドラッカーについてであるが、氏は一九〇九年オーストリアのウィーンで生まれた。当時のオーストリアといえばハプスブルク家の本拠地として、近隣諸国に対して絶対的な権力をもっていた。父はオーストリア政府の高官で、精神分析学のフロイトや経済学者のシュンペーターとも交流があるなど、アカデミックで裕福な家庭に生まれ育った。

ドイツのハンブルク大学に入学するがすぐフランクフルト大学に移籍、卒業後は証券アナリストとして働くが、ニューヨーク株式市場の大暴落の影響で会社が倒産する。のちに新聞記者の職を得るが、一九三三年に発表した論文がナチスの不評を買い、イギリスに移ってバンカー（銀行家）となる。このころ、経済学者ケインズらとも交流をもつようになる。やがてイギリスから新天地アメリカに渡り、ナチスドイツの本質を暴いた処女作『経済人の終わり』を著す。この本は、後に首相になるチャーチルの書評が出たことで、当時のドラッカーを一躍有名にした。

その後、アメリカにわたり、当初はバーモント州の小さな大学で教える一方で、世界有数の大企業ゼネラルモーターズ（GM）社のコンサルタントとなって、企業の現実をつぶさに観察する。GMが社会に及ぼす影響、組織の仕組み、人間関係などの会社の現実を書いた『会社の概念（*Concept of the Corporation*, 1945）』を発表（現在は『企業とは何か』の名前で新訳も刊行されている）。以後、多くのベストセラーとなるビジネス関係の本を執筆することになる。

次々と刊行される氏の著作を知った著名大学はこぞってビジネススクールを新設すべく教授のオファーをするが、結果的にドラッカーは二十数年間ニューヨーク大学（New York University：通称NYU）に籍をおいた。なぜNYUだったのか、その理由が実に面白いので以下に紹介してみよう（『日本経済新聞』「ドラッカー私の履歴書」〇五年二月三日〜二八日に基づく）。

「ニューヨークの前はボストンの北方にあたるバーモントという田舎町に住んでいたが子供たちの教育（娘三人と息子一人）も考えてニューヨークに移りコロンビア大学で教えることになっていた。ところが契約を交わそうとしたところで当時のコロンビア大学学長のアイゼンハワー（後のアメリカ大統領）が財政難を理由に署名を拒否したというのである。ところが幸いなことにNYUがビジネススクールを立ち上げる矢先で教授陣を探している幸運に出会い、NYU教授職を得たというのである。そこで初代の学部長として七一年にクレアモントに移るまで二二年間教えることになる。正式科目としてマネジメントを教える大学としてはNYUはハーバード大学、マサチューセッツ工科大学（MIT）に次いで世界で三番目である。今こそ、アメリカ、日本でも大学には経営学部やビジネススクールが出来てマネジメントが正式科目となっているが五〇年代では珍しい科目の一つだった。NYU在籍中にビジネススクールの最高峰とされるハーバード・ビジネススクールから四回もオファーを受け四回とも断っている。理由はハーバードでは月に三日間を越えてコンサルタントの仕事はしていけないとの規定があり、そのことが氏の本来の仕事を制約させることになったからである」

今、NYUのビジネススクールは通称スターン・スクール（Stern School of Business）といって場所は元々発祥の地でワシントン・スクエアの一角にある。ところが、六〇年代ドラッカーが教えていたNYUのビジネススクールは崩壊した世界貿易センターに程近いニューヨーク証券取引所（SEC：Security Exchange Commission）の隣にあった。したがって、キャンパスの中にある大学ではなく、ビルの一角にある。いわばオフィス街に建っていた。当時、NYUはビジネススクールを開校したものの教室がなくウォール街にあった市のプールが空っぽな時を使ってそこを教室代わりにしていたという。プールは市の規制で週に一度は水を抜き四八時間は乾燥させなければならなかった。そのため月曜日はプールが空っぽなので、午後三時から五時半まではデミング博士（有名な品質管理（QC）の考案者、NYUの教授で八五歳まで教えていた）が教え、その後夜の一〇時までドラッカーが教えたという。この当時は開校したばかりの時で、その後少しずつ付近のビルを借りながら教室を広げ、七一年ドラッカーがカリフォルニアに移った後、九五年NYUが集結するキャンパスであるワシントン・スクエアの一角に新しいビルを作った。

クレアモント大学ドラッカースクール

クレアモント大学自体は一九二五年の創立であるが、ビジネススクールは七一年、ドラッカーがニューヨーク大学からカリフォルニアのクレアモントに移ってから開校された。ドラッカーはここで九二歳の二〇〇一年春まで教え〇五年秋九六歳で亡くなった。〇九年はドラッカー生誕の一〇〇年にあたりアメリカ、日本で博士の功績を振り返る様々な催しが開かれた。ドラッカーがニューヨークからクレアモントに移った時はすでに数々の著名な本を出版し世界のビジネス界で有名になっていた。ドラッカーはクレアモントに移って働きながら経営学修士（MBA）を取得するプログラムを作り、これまで多くの内外のビジネスリーダーを育成してきた。八七年にはドラッカーのクレアモントでの功績を称え、ドラッカー・マネジメントスクール（Peter F. Drucker Graduate School of Management）と命名された。その後、日本のイトーヨーカドーの創立者である伊藤雅俊氏がその発展のためにと計二三〇〇万ドル（約二三億円）を寄付したことにより、氏の名前も冠して Peter F. Drucker and Masatoshi Ito Graduate School of Management になった。本スクールの理念はドラッカーの考え方の基本である「マネジメントはリベラルアーツであり、単なる経済学、経営学の知識からではなく、広く歴史、社会、法学等諸科学を学ぶこと」を重視し、それに基づいたカリキュラム編成になっている。

さて、ドラッカースクールをなぜ訪問したかをいえば理由は四〇年前に遡る。私が二〇代半ばの頃、わが国で経営学がブームになり始めた時、こぞって誰もが読んだ本といえば『現代の経営（*The Practice of Management*, 1954）』である。この本は経営学者よりもビジネスに携わる実務界のトップ・リーダーに大きな影響を与えた。しかし、真のドラッカー研究者はこの本よりもむしろ処女作となった『経済人の終わり（*The End of Economic Man*, 1939）』や『産業人の未来（*The Future of Industrial Man*, 1942）』であろう。どうしてかといえば、当時経営学といえばアメリカが主流であり、その翻訳書や解説書で語られているのは経営のノウハウ論（Principles of Management）的なものが多く、社会経済、そして企業を歴史的視点から考察した経営書はほとんどなかった。ところがドラッカーの著作は産業社会の現実を独自の歴史観でとらえ、それを担う企業の目的、マネジメントとは何かを提起したのである。また、ドラッカー経営論に拍車をかけたものは博士の来日によって氏との直接の講話・対話が実現できたからである。当時の事務能率協会（現・日本経営協会）がドラッカーセミナーと称して、いく度か招聘し、経営者との交流を実現させた。

ドラッカースクールの挑戦

クレアモントで三五年間教えたため、ドラッカーのもとで学んだビジネス界のリーダーは今、多数活躍しており、氏の亡くなったあと彼らが中心となって二〇〇六年ドラッカースクールアドバイザリーボード（諮問機関）が設けられ、メモリアル・インスティチュートであるドラッカー研究所（The Drucker Institute）を創った。さらに〇七年には二一世紀の課題となっている環境や人権問題、企業の社会的責任（CSR）をビジネス教育の柱とする「責任ある経営教育原則（Principle of Responsible Management Education（PRME）Initiative）」をドラッカースクールがイニシアティブをとって制定した（表5‒1）。これは学部長であるIra Jacksonが主要なビジネススクールの学部長、学長、代表者よりなる六〇人のタスクフォースである。PRMEの使命とは国連のグローバル・コンパクトの諸原則（人権、労働、環境、腐敗防止を柱とする一〇の原則、二〇〇〇年、当時国連の事務総長であったアナンが提唱）をビジネス教育の中に取り入れてゆこうとする取組みである。これは

表 5-1　国連の PRME（Principles for Responsible Management Education）
──責任ある経営教育原則

6つの原則（The 6 Principles）

原則 1（目的）学生たちが、将来において、持続可能なビジネス・社会を自ら造り上げ、あるいは持続可能なグローバル経済の一員として活躍できるような教育を提供する。
（Purpose: We will develop the capabilities of students to be future generators of sustainable value for business and society at large and to work for an inclusive and sustainable global economy.）

原則 2（意義付け）UNGC でも謳われているような「グローバルな社会責任」を、日々の学術研究や教育活動の中にしっかりと意義づける。
（Values: We will incorporate into our academic activities and curricula the values of global social responsibility as portrayed in international initiatives such as the United Nations Global Compact.）

原則 3（教育方法）「責任あるリーダーシップ」を効果的に教育し、定着させるための枠組み・教材・カリキュラムの開発や、場の提供に努める。
（Method: We will create educational frameworks, materials, processes and environments that enable effective learning experiences for responsible leadership.）

原則 4（リサーチ）持続可能な社会・環境・経済をつくりだす上で、企業はどのような役割を果たし、影響力を持つのか、ということについての社会的な理解を深めるために、理論・実証の両面から研究を重ねる。
（Research: We will engage in conceptual and empirical research that advances our understanding about the role, dynamics, and impact of corporations in the creation of sustainable social, environmental and economic value.）

原則 5（パートナーシップ）企業経営陣が、社会・環境に対する責任を果たそうと取り組む時は、彼らと積極的に関わるとともに、そういった取り組みが効率的かつ効果的に遂げられる方法を探究する。
（Partnership: We will interact with managers of business corporations to extend our knowledge of their challenges in meeting social and environmental responsibilities and to explore jointly effective approaches to meeting these challenges.）

原則 6（対話）地球規模での社愛責任及び持続可能性に関して、教育者、実務家、政府、消費者、メディア、市民団体、その他各種関係組織・ステイクホルダー等の間での対話やディスカッションを支援・促進する。
（Dialogue: We will facilitate and support dialog and debate among educators, business, government, consumers, media, civil society organizations and other interested groups and stakeholders on critical issues related to global social responsibility and sustainability.）

二一世紀のビジネス社会が直面するであろう様々な挑戦にビジネスリーダーが対応できる経営教育の持続的改善プロセスである。

近年の学界で企業の社会的責任（ＣＳＲ）や企業の持続性（Sustainability）が重要になったとはいえ、ビジネス教育の主要（mainstream）な体制にはなっていない。そのためにＰＲＭＥはビジネススクールが中心となって新しいカリキュラムや研究教育方法、制度的な仕組みを開発しようというものである。現在これに賛同している世界（アメリカ、ヨーロッパ、南米、アジア、中国など）の大学や諸機関は合計二八六である。そして、ＰＲＭＥが六つの原則を制定している。この原則に共通していることは企業と社会、環境、人間との相互の発展のためのビジネス教育を取り入れていかないといけないとするグローバル・コンパクトの教育版といってもよい。

近年の我が国でも多発する不祥事によって問題になっているビジネス・エシックス（経営倫理）教育の強化にもつながっている。狭い専門的分野で議論される科学的モデルのみを紐解くのではなく、企業と社会、企業と人間という幅広い見地から、企業のあり方を問い直さなければならない。ドラッカースクールのＰＲＭＥはこれに応える形の教育方法の見直しの一つである。〇八年に起きたアメリカを震源とする金融危機の中でアメリカ企業のあり方が根本的に問われた。あまりに行き過ぎた金融経済への依存、それを助長したビジネス教育のあり方が問題なのである。

それは企業と社会のあるべき本来の姿を問い直し、あまりにも行き過ぎた市場経済化のアンチテーぜとなるであろう。いま問われているのは、企業と社会、企業と人間という企業の本質・本来目的は何かという議論である。〇九年末、一橋大学大学院国際企業戦略研究科が主催するポーター賞の授与のためにやってきたハーバード・ビジネススクールのマイケル・ポーターは今、企業の競争戦略は企業の社会的責任（ＣＳＲ）やビジネス倫理という新しい次元に向かいつつあることを指摘している。それはこれまでは本業とは別の位置づけだったＣＳＲの考え方を、今度はそれを戦略の中核におくことであるという。例えば、これまで環境対策は企業にとってコスト増の要因だったが、近年では無駄を排して競争力を高める利点をもたらしている。今後はさらに調達先地域の貧困問題や環境エネルギー、男女雇用平等、教育などの多様な問題において企業がその問題を経営の中核において解決してゆくことこそが競争戦略である。つまり現代の企業は、社会の問題解決と競争力の向上を同時に実現できる新しいバリエーションの構築が問われているのである。

ドラッカーは企業の社会的責任や企業倫理には早くから問題意識をもち、著書『変貌する経営者の世界（*The Changing World of the Executive*, 1982）』の中では一章分を割いて西洋の倫理感と東洋の倫理感を対比させながら、倫理についての歴史的考察も行っている。この上に立ってビジネス倫理を「相互依存の倫理」という言葉を使って説いている。ビジネス倫理は一方だけが正しいということではなく相互依存の関係でとらえるべきだという。つまり、消費者と生産者、経営者と従業員、学校と学生、政府と市民というように相互依存の関係の中でビジネス倫理のあるべき姿を探っている。また、ドラッカーは企業の社会的責任やビジネス倫理をマイナス志向ではなく前向きに次への躍進となるイノベーションとしてとらえている。「社会の問題の解決を事業上の機会に転換することによって社会の要請に応え、同時に自らの利益にすることこそ企業の機能である」と、つまり変化は挑戦であり機会であることを説いている（上田惇生編訳『チェンジ・リーダーの条件』ダイヤモンド社、九六頁）。ドラッカーの考え方は、時代を先取りした何かを我々に教えている。

5 日本の大学におけるビジネス倫理の授業

学生参加型の授業

今、大学ではＦＤ（Faculty Development）委員会といって、いかに学生にとって分かりやすく興味をそそる授業内容にしてゆくか、先生方（Faculty）の教授法の開発（Development）が問われている。一般的に大学の授業は面白くない。先生だけが一方的にしゃべり、学生の興味があろうとなかろうと一方的に話す。学生との相互交流がない一方通行のスタイルだ。しかし、これは教える側にとってはよいかも知れないが、学生にとっては苦痛だ。私は学生にとって授業が楽しい、興味深い、具体的内容が盛り込まれていて分かりやすいことが大事だと考えている。そのためには身近な問題を取り上げ、学生との討論、そして学生からも発表してもらう。

私の場合、題材となるのはテキストの事例で取り上げている保険会社、雪印乳業、エンロン事件、NOVA、この他に味の素のインドネシアの事例、三菱自動車のアメリカでのセクハラ事件やリコール問題、また学生にとって興味深い食品偽装問題などである。学生が発表の時は私が授業している時より耳をよく澄まして聞いている。ほとんどの学生はパーワーポイントを使って説明する。ただ、その場合、揚げている事例をただ説明するだけでなく、それにまつわる周辺の新しい情報も調べて発表するよう義務づけ、最後に自分なりのビジネス倫理とは何かの感想を付け加えるよう求めている。

積極的な発表は自分のためにあることを説いている。ある学生からはビジネス倫理の授業で発表したことが契機となり企業面接でそのことを聞かれ、よく答えることができたことで内定をもらったと喜んで報告に来た学生もいる。学生の発表を聞きながら問いかける授業のスタイルは一方通行ではなく、教える側との相互交流ができると思う。わが国の中学・高校の伝統的勉強スタイルは正しい答えをみつけること、一〇〇点満点を取ること、受験戦争に勝つことである。目的は一〇〇点満点を取ることである。しかし、それはある面では頭の訓練になるかもしれないが、自分なりの考えを見出す思考過程の訓練にはならない。

問題なのは、将来社会に出て活躍してゆく際に、必ずしも常に正しい解答を見出せるとは限らないことである。将来の道はその場での社会環境の変化に対して自分なりの解答をみつけてゆかなければならない。アメリカの教育では正しい解答よりも間違ってもよいから〝自分なりの考え〟が求められる。私もアメリカの大学院ビジネススクールで授業をしたことがあるが、学生は自分なりの意見をどんどんいう。学生によっては最初に手を挙げてから考えるし、とんでもない意見もいう。それでもよい、間違ってもよいから自分の考えをもつことが大事なのである。アメリカの学生ほどではないにしても日本の学生諸君がもう少し自分の意見を積極的にいうようなスタイルの授業にしたいと思うのは私だけではないだろう。

ビジネス倫理で大事なポイント——倫理と法律

ビジネス倫理の授業で学生に一番考えてもらいたいことは法律と倫理との関係である。我々の社会のルールはすべて法律で定められており、法治国家とは何か、民主主義社会の仕組みとは何か、独裁政治を行っていたイラクや北朝鮮、そして今日の中国共産党一党支配の仕組みとの違いを題材にしながら法律の思想も考えてゆく。もし、我々の社会に法律やルールがなかったらどうなるであろうか。法律を守ることによって、我々の社会は平和で安全な生活が保障されている。会社には会社法というものがあり、株式会社も一つのルールに従って運営されている。法律を犯すと定められた制裁つまりペナルティーを受ける。法律には強制力があり、これに歯向かうことはできない。それでは法律を犯さなければ何を行ってもよいかというと、そうではないところに倫理の意義があることを考えてもらう。

法律は倫理の最低ラインだといわれるが、これをまず守ること、つまり法律遵守（コンプライアンスが問われていること）は企業行動の前提条件だ。法律を守らない行為は倫理的に考えてもおかしい。それでは倫理とは何か。倫理は法律のように外から強制されるものではなく我々の心の世界、つまり一人ひとりの良心が命ずる行動規範である。しかし、我々の行動規範も社会生活の中でどこかを規範としている。

法律で定められていなくともそれぞれの国、社会、そしてコミュニティには皆が共有している考え方、価値観、つまり分かりやすくいえば皆が共有する「常識」というものがある。その社会で共有されている常識とあまりにもかけ離れた行動を取ると何らかの形の制裁を受ける。そうすると、企業の不祥事は法律に違反した行為であることはもちろんのこと、倫理的そして常識的に考えてもおかしな行為である。これを考えると法律も倫理も常識もそうかけ離れた概念ではなく、法律＝倫理＝常識としてイコールの関係が成り立つ。しかし、ここで大事なことは法律も経済活動の進展によって様々な新しい法律が制定されるように、倫理や常識も社会の進展に対応して進化している。昔の常識と今の常識、そして将来の常識はイコールではないのである。

そこで、経営に携わる人が考えなければならないことは、経済が高度成長期にあった工業化社会では企業の価値が最優先され、我々社会の価値を決めていたところがあった。今は企業を取り囲む利害関係者との「共生」が問われている。利害関係者には消費者、株主、地域社会、社員、組合、自治体等がある。つまり、これらの利害関係者はそれぞれが賢くなり、そこに害を及ぼすような行為には黙っていない。特に消費者は厳しい目で企業を見ているし、その権利を守るために、男女雇用機会均等法、PL法、消費者保護法、改正男女雇用機会均等法（事業主のセクハラ対策が配慮義務から措置義務に強化）などの法律も次々と制定されている。

守りの倫理と攻めの倫理

ビジネス倫理の授業で取り上げられる題材というと一般的には不祥事の事例が多い。それは確かにビジネス倫理が問われる行為であるし、それをめぐる経営管理体制やコーポレート・ガバナンス、企業行動基準（コード・オブ・コンダクト）の制定、経営倫理教育が課題になるだろう。しかし、こればかり題材にすると企業はそんなに不祥事が多いのだろうか。企業はそんなに悪いことばかりしているのだろうかという企業性悪説の印象を学生に与えかねない。特に学生は将来の企業就職を目指し入学している。

ビジネス倫理を「守りの側面」と「攻めの側面」から講義内容を構成することが大事だ。不祥事を起こさないようにするための経営管理体制のあり方は「守りの側面」あるいは消極的倫理の範疇である。しかし企業は守りだけでは発展しない。企業は前に向かって、将来に向かってチャレンジしなければならない。いわば「攻めの倫理」が必要なのである。学生には日本企業のすばらしさ、資源も原料もないアジアの小国がなぜ今日のような経済大国といわれるまでになったのか。それは日本人の勤勉さ、倫理観、社会的使命を果たしてきたからであることを説くことが必要だ。

世界で戦う日本のグローバル企業の競争力の源泉は経営者のチャレンジ精神、そして社会に貢献する企業使命を真面目に行ってきたからである。企業への就職を目指している学生は何事にも夢をもってチャレンジしてみることの「攻めの倫理」を紐解いている。しかし、今、「攻めの倫理」は社会が厳しい目で見ている。企業は単に株主や消費者に対してだけでなくいわば企業を取り囲むステークホルダーにも考慮しなければならない。

今、問われているCSRはこの「攻めの倫理」を通して社会に貢献する企業でなければならない。社会にとってよいこと、環境にとってよいこと、経済活動にとってよいこと、これこそがCSRの使命である。企業の社会的責任は一九七〇年代の始めから八〇年代、九〇年代と様々な形で問われてきた。これまでの時代は企業活動の一部、利益の一部として社会貢献活動や地域社会に奉仕することだけが問われてきた。しかし、今日のCSR論議では企業の本業に関わる事業戦略として行うことが求められている。なぜ、自動車大国のアメリカで世界最大の自動車メーカーであったGMがつぶれたのか。片やなぜ日本のトヨタが世界最大の自動車メーカーとして躍進できたのか――それは環境にやさしいエコカーである「プリウス」を開発し続けてきたからである。省エネでCO_2の少ない車の開発は今日地球上で環境問題が問われている中で社会にとって待ち望んできたことである。自動車会社として本業を通しての社会貢献、これこそがCSRだということを教えている。また、日本の環境技術は世界的に優れており世界から多くの引き合いがある。日本企業のすばらしさ、その強さの原点を「攻めの倫理」に結び付けて問いかけている。

なお、一般社団法人 経営倫理実践研究センター発行の機関紙『経営倫理』には、一九九七年の創刊号から今日まで、「大学における講義要約シリーズ」という連載で次の大学の講義内容が紹介されている。

早稲田大学、追手門学院大学、上智大学、神奈川大学、和歌山大学、慶應義塾大学、関西学院大学、高千穂大学、立正大学、桃山学院大学、静岡産業大学、常盤大学、南山大学、駿河台大学、埼玉大学、産業能率大学、九州産業大学、一橋大学、創価大学、青山学院大学、明治大学、高崎商科大学、湘北短期大学、名古屋商科大学、玉川大学、大阪経済大学、立教大学、国士舘大学、奈良産業大学、関東学院大学、愛知学院大学、愛知産業大学、東海大学、富山商船高専、日本大学、麗澤大学、金沢工業大学、城西大学、東北公益文科大学、大阪市立大学、熊本大学、大阪商業大学、東北大学、郡山女子大学、拓殖大学、駒沢大学、法政大学、東海学園大学、東京交通短期大学、大阪大学、立命館大学、近畿大学、白鷗大学、甲南大学、高崎経済大学、大阪経済大学、下関市立大学など

では最後に、「ビジネス倫理」について読者に考えて（議論して）もらいたいテーマを次に示しておこう。

1．社会人、学生が身近に感じるビジネス倫理にかかわる具体的行為とは何か？　新聞、雑誌等から拾い出してみよう。
2．企業不祥事はなぜ起こるのか、その要因は何にあったのか、企業の目的との関係で考えてみよう。
3．企業不祥事によって被る、会社の信頼回復のコストと時間についていくつかの事例を通じて考えてみよう。
4．戦略としてのビジネス倫理とは何か、日本企業の競争力の源泉はどこにあるのか、それが今、なぜ問われているのか考えてみよう。
5．ステークホルダーとは何か、それが今、ビジネス倫理との関係でどのような形で問われているのか考えてみよう。
6．興味ある会社の企業理念や経営方針、企業行動基準をネットで取り出して事例研究してみよう。
7．法律と倫理との関係、またそれらが我々の社会の行動規範とかけ離れたものであるかどうか考えてみよう。

8. ビジネス倫理とコーポレート・ガバナンスはどのような関係にあり、今、我が国で改革されているのは何が目的なのか、考えてみよう。

9. 「守りの倫理」と「攻めの倫理」とは何か、CSRやCSVと合わせて考えてみよう。

10. 企業あっての社会なのか、社会あっての企業なのか、「二一世紀の企業人格」と「二一世紀の企業人格」を対比させて考えてみよう。

【付録】三位一体構想によるビジネス倫理の研究・教育・普及機関

日本経営倫理学会
(Japan Society for Business Ethics：JABES)

●1991 年に発足した産学有志の集い「経営倫理を考える会」が母体となって、1993 年 4 月に「日本経営倫理学会」が設立された。

●目的は
経営倫理問題に関する事項について、学術的かつ実際的な研究を行い、その研究成果の発表、診断指導技法の開発、国内及び諸外国における関連学会・研究団体との交流及び情報交換並びに連絡提携、関連資料等の刊行などの事業活動を通じて会員相互の協力と資質の向上を促進し、もってわが国における経営倫理問題の健全な発展に寄与することを目的としている。

●主な活動は
- 年 1 回の研究発表大会・年次総会の開催
- 研究交流例会（原則として年 4 回）の開催
- 研究部会（理念哲学研究部会、ガバナンス研究部会、企業行動研究部会、実証調査研究部会、CSR 研究部会、経営倫理教育研究部会）の開催
- 学会報・学会誌の発行をはじめ、経営・経済関係雑誌、書籍、新聞等への研究リポート、論文の発表掲載
- 地方組織（関西地区研究部会、中部地区研究部会）活動
- 年 1 回の経営倫理シンポジウムの開催
- 国際交流・協力活動の推進（これまで台湾、韓国、タイの大学と共同シンポジウム開催）

URL　http://www.jabes1993.org/

●出版物は
日本経営倫理学会誌（1994 年創刊。年 1 回発行）

一般社団法人 経営倫理実践研究センター
(Business Ethics Research Center：BERC)

●わが国産業界の相次ぐ不祥事をかんがみ、経営倫理の重要性を広く産業界に普及するために1997年11月発足。任意団体として活動してきたが2009年10月より社団法人経営倫理実践研究センターに組織替えしている。

●主な活動は

- 経営倫理の実践に関する内外の情報・資料の収集・研究
- 経営倫理の企業への啓発・普及に必要な知識・情報・ノウハウの提供
- 企業における経営倫理綱領（Code of Conduct）の作成ならびにその遵守徹底に関するコンサルティング
- 企業における経営倫理に関する社員研修用の資料・教材・マニュアルの作成と提供、ならびに講演会・シンポジウムの随時開催
- 企業のコーポレート・ガバナンスや新しい時代に求められる取締役・監査役のあり方に関する研究・指導サービス等の提供
- 企業における経営倫理担当責任者の集合する合同会議の開催と担当責任者間の経験交流機会の提供
- 研究部会には監査、CSR、ケース、経営倫理総合、経営倫理の統合的マネジメントおよび関西の各部会の他、研究会分科会を設けて活動を行っている。

  URL　http://www.berc.gr.jp/

●出版物は

『経営倫理』（1997年創刊。年4回発行）

NPO 法人 日本経営倫理士協会
（Association of Certified Business Ethics Experts：ACBEE Japan）

●1997 年 10 月、経営倫理の普及を目的に経営倫理実践普及協議会が発足。2009 年からは特定非営利法人日本経営倫理士協会として活動。

●主な活動は

- 「経営倫理士」の資格認定を目的に年間単位で講座の開催、2015 年 5 月には 19 年目に当たる第 19 期を開催、「経営倫理士」の取得者 562 名誕生
- 取得者は企業の法務部門、コンプライアンス部門、経営倫理推進部門、CSR、リスク部門の担当スタッフ、大学研究者、大学院生らが資格取得
- 講座編成の基本は、①経営倫理、コンプライアンス、CSR を体系的に学ぶ。②このあと各論である法務、マスコミ、情報セキュリティ、ハラスメント、教育研修、ダイバーシティとの関係等を学ぶ。③そして、講座の進行に合わせて 3 回程度の論文、④最後に一人ひとりに面接の上、資格を授与する

●出版物は

『経営倫理フォーラム』（2009 年創刊。2016 年 4 月に第 31 号発行）
その都度企業不祥事の会社名と不祥事内容を載せている。また経営倫理士の取得者にアンケート調査も実施している
URL　http://www.acbee-jp.org/

参考文献

第1章

水谷雅一『経営倫理学の実践と課題――経営価値四原理システムの導入と展開』白桃書房、一九九五

水谷雅一『経営倫理学のすすめ』丸善ライブラリー、一九九八

梅津光弘『ビジネスの倫理学』現代社会の倫理を考える3、丸善、二〇〇二

Beauchamp, T. L., Bowie, N. E., *Ethical Theory and Business*, Prentice-Hall, 2001（梅津光弘監訳『企業倫理学』晃洋書房、二〇〇一）

宮坂純一『ビジネス倫理学の展開』晃洋書房、一九九三

I・カント（篠田英雄訳）『道徳形而上学言論』岩波文庫、一九六〇

I・カント（土岐邦夫訳）『プロレゴーメナ・人倫の形而上学の基礎づけ』中公クラシックス、二〇〇五

岡本浩一『無責任の構造』PHP研究所、二〇〇一

Nash, L. L., *Good Intention Aside*: A Manager's Guide to Resolving Ethical Problems, Harvard Business School Publishing, 1993（小林俊治・山口善晃訳『アメリカの経営倫理』生産性出版、一九九二）

Donaldson, T., *The Ethics of International Business*, Oxford University Press, 1989

Steven, B., "An Analysis of Corporate Ethical Code Studies: Where do we go from here ?", *Journal of Business Ethics*, 1994

Murray, D., *Ethics in Organizations*, Kogan Page, 1997

中村瑞穂「企業倫理と日本企業」『明大商学論叢』第80巻第3・4号、一九九八

高橋浩夫編著『企業倫理綱領の制定と実践』産能大学出版部、一九九八
L・S・ペイン（梅津光弘・柴柳英二訳）『ハーバードのケースで学ぶ企業倫理――組織の誠実さを求めて』慶應義塾大学出版会、一九九九
E・M・エプスタイン（中村瑞穂他訳）『企業倫理と経営社会政策過程』文眞堂、一九九六
前田英樹『倫理という力』講談社現代新書、二〇〇一
髙　巖『ビジネスエッシクス［企業倫理］』日本経済新聞社、二〇一三

第2章

出見世信之「企業の倫理的活動――コーポレートガバナンスとの関係から」『組織科学』第37巻4号、二〇〇四
Andrews, K. R., *Ethics in Practices*, Harvard Business School Publishing, 1989（村井裕訳「企業倫理の道」『DIAMONDハーバード・ビジネス・レビュー』二〇〇八）
Andrews, K. R., *The Concept of Corporate Strategy*, Dow Jones Irwin, 1987（中村元一・黒田哲彦訳『経営幹部の全社戦略』産能大学出版部、一九九一）
Badaracco, J. L., Jr., "Business Ethics: Four Spheres on Executive Responsibility", *California Management Review*, Spring 1992
De George, R. T., *Business Ethics, 3rd ed.*, Macmillan, 1989（永安幸正・山田經三監訳『ビジネス・エシックス――グローバル経済の倫理的要請』明石書店、一九九五）
Mathews, M., "Code of Ethics: Organizational Behavior and Misbehavior", *Research in Corporate Social Performance and Policy*, 1987

高橋浩夫「コーポレートガバナンスの日米比較――その背景と本質」石崎忠司・中瀬忠和編著『コーポレートガバナンスと企業価値』中央大学出版部、二〇〇七
中村瑞穂『企業倫理と企業統治』文眞堂、二〇〇三
企業倫理グループ代表・中村瑞穂『日本の企業倫理――企業倫理の研究と実践』白桃書房、二〇〇七
Igor Ansoff, H., *Corporate Strategy*, McGraw Hill, 1965 (Penguin Books, 1988; 2nd Revised)(広田寿亮訳『企業戦略論』産業能率大学出版部、一九八五)
渋沢栄一(守屋淳訳)『現代語訳 論語と算盤』ちくま新書、二〇一〇
渋沢栄一(梶山彬編)『論語と算盤』図書刊行会、一九八五
岩井克人『会社はこれからどうなるのか』平凡社、二〇〇三
稲森和夫『生きる――人間として一番大切なこと』サンマーク出版、二〇〇四
伊丹敬之『日本型コーポレートガバナンス――従業員主権の論理と改革』日本経済新聞社、二〇〇〇
加護野忠男『経営はだれのものか』日本経済新聞社、二〇一四
田中一弘『良心から企業統治を考える』東洋経済新報社、二〇一四
井上　泉『企業不祥事の研究』文眞堂、二〇一四
今井　祐『コーポレートガバナンス』文眞堂、二〇一三
吉森　賢『企業統治と企業倫理』放送大学教育振興会、二〇〇七

第3章

中村瑞穂「『企業と社会』の理論と企業倫理」『明大商学論叢』第77巻第1号、一九九四
高橋浩夫編著『グローバル企業の経営倫理・CSR』白桃書房、二〇〇三

Takahashi, H., *The Challenge for Japanese Multinationals*, Palgrave Macmillan, 2013
谷口真美『ダイバシティ・マネジメント――多様性をいかす組織』白桃書房、二〇〇五
高橋浩夫編著『トップマネジメントの経営倫理』白桃書房、一九九八
J・M・ブキャナン（小畑二郎訳）『倫理の経済学』有斐閣、一九九七
Aguilar, F.J., *Managing Corporate Ethics*, Oxford University Press, 1994（水谷雅一監訳、高橋浩夫・大山泰一郎訳『企業の経営倫理と成長戦略』産能大学出版部、一九九七）
高橋浩夫・大山泰一郎『現代企業経営学』同文舘出版、一九九五
佐久間信夫・田中信弘編著『現代CSR経営要論』創成社、二〇一一
潜道文子『日本人とCSR』白桃書房、二〇一五

第4章

Vogel, D., "Business Ethics: New Perspective on old problems", *California Management Review*, Summer 1991
Vogel, D., "The Globalization of Business Ethics: America Remains Distinctive", *California Management Review*, Fall 1992
Vogel, D., *The Market for Virtue*, Brooking Institute Press, 2005
名和高司『CSV経営戦略』東洋経済新報社、二〇一五
高橋浩夫「戦略的CSRと新興国市場」多国籍企業学会『多国籍企業と新興国市場』文眞堂、二〇一二
水尾順一『CSRで経営力を高める』東洋経済新報社二〇〇五
田中宏司・水尾順一編著『人にやさしい会社』白桃書房、二〇一三
谷本寛治『CSR経営――企業の社会責任とステークホルダー』中央経済社、二〇〇四

谷本寛治『責任ある競争力』NTT出版、二〇一三
高巖・日経CSRプロジェクト編『CSR――企業価値をどう高めるか』日本経済新聞社、二〇〇四
佐久間信夫・田中信弘編著『現代CSR経営要論』創成社、二〇一一
潜道文子『日本人とCSR』白桃書房、二〇一五

第5章

Dunfee, T. W., "*Integrating Ethics into Business School Curriculum*", *Journal of Business Ethics*, 1988
Business Week, "The good CEO", September 23, 2002
Business Week, "How Executive Rates a Business School Education", March 24, 1986
US News & World Report, "Business School Increasingly Require Students to Study Ethics", September 2011
Warren G. Bennis, James O, Toole, How business school lose their way, *Harvard Business Review*, May 2005
Mintzberg, H., *Manager not MBAs*, Berrett-Koehler Publisher, 2004（池村千秋訳『MBAが会社を滅ぼす』日経BP社、二〇〇六）
野中郁次郎・竹内弘高（梅本勝博訳）『知識創造経営』東洋経済新報社、一九九六

な　行

は　行

ま　行

か 行

索　　引

戦略としてのビジネス倫理入門

平成28年7月31日　発　行

著作者　高　橋　浩　夫

発行者　池　田　和　博

発行所　丸善出版株式会社

〒101-0051 東京都千代田区神田神保町二丁目17番
編集：電話（03）3512-3264／FAX（03）3512-3272
営業：電話（03）3512-3256／FAX（03）3512-3270
http://pub.maruzen.co.jp/

組版印刷・中央印刷株式会社／製本・株式会社 松岳社

ISBN 978-4-621-30055-8 C 3034　　Printed in Japan

【好評既刊】

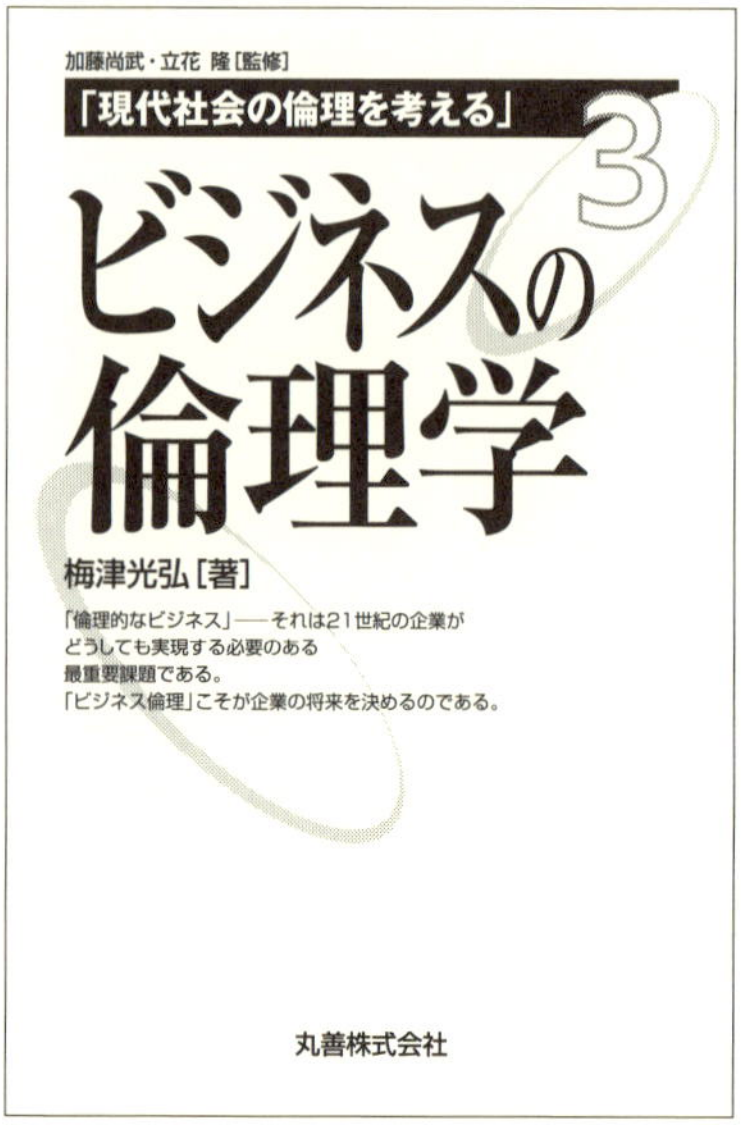

梅津光弘『ビジネスの倫理学』

定価：本体 1,900 円＋税　ISBN978-4-621-04992-1

企業経営に必要不可欠なビジネス倫理について
様々な事例を盛り込みながら体系的に解説

＊目　次＊